Werner Bätzing

Zwischen Wildnis und Freizeitpark

Werner Bätzing

Zwischen Wildnis und Freizeitpark

Eine Streitschrift zur Zukunft der Alpen

Rotpunktverlag

www.rotpunktverlag.ch

Druck/Bindung: Friedrich Pustet, Regensburg
ISBN 978-3-85869-737-0
2. Auflage 2017

Inhalt

III. Eine unzeitgemäße Perspektive: Die Alpen als dezentraler Lebens- und Wirtschaftsraum

Anhang

Vorwort

Zur zweiten Auflage

Nur eineinhalb Jahre nach Erscheinen dieser Streitschrift wird bereits eine zweite Auflage erforderlich, was zeigt, dass dieses kleine Buch in den aktuellen Diskussionen um die Zukunft der Alpen offenbar eine nicht unwichtige Rolle spielt. Dies wird unterstrichen durch zahlreiche Berichte in Printmedien und im Radio – am häufigsten zitiert: das Interview mit mir in der *ZEIT* vom 29. April 2015 mit dem Titel »Ich will die Revolution« – sowie durch viele Einladungen an mich, meine Thesen in Vorträgen oder Podiumsdiskussionen zur Diskussion zu stellen. Besonders auffällig war dabei, dass einige Zeitungen und Zeitschriften, die bislang stets sehr deutlich eine der kritisierten Zeitgeistperspektiven vertreten hatten, jetzt ausführlich und sachlich über die Thesen dieser Streitschrift berichteten. Bahnt sich hier vielleicht ein Wandel in der öffentlichen Diskussion an?

Mehr zu den Reaktionen auf die erste Auflage dieser Streitschrift siehe Nachwort auf Seite 139.

Da sich die Realität der Alpen in der kurzen Zeit seit dem Erscheinen dieser Streitschrift nicht relevant verändert hat und da ich in meiner Darstellung auch nachträglich keine korrekturwürdigen Stellen entdeckt habe (nur die Naturschutzflächen habe ich aktualisiert, weil sie wieder etwas größer geworden sind), habe ich den Text dieser Streitschrift unverändert belassen.

Ich würde mich sehr freuen, wenn die Diskussion so intensiv fortgeführt würde, wie sie begonnen hat, und wenn dabei über Alternativen, die quer zum Zeitgeist stehen, weiter gründlich nachgedacht wird.

Bamberg, den 31. Oktober 2016 Werner Bätzing

Einleitung

Warum diese Streitschrift?

Über die Frage, wie die Zukunft der Alpen aussehen soll, gibt es derzeit heftigen Streit, der weite Kreise zieht.

Allein das Faktum, dass es einen solchen Streit gibt, ist erstaunlich, und zwar aus zwei Gründen.

Zum einen gab es viele Jahrzehnte lang einen starken Konsens bei der Frage nach der Zukunft der Alpen: Alle gesellschaftlichen Interessengruppen in allen Alpenstaaten waren sich darüber einig, dass die Alpen ein relevanter Teil des jeweiligen nationalen Lebens- und Wirtschaftsraumes seien und dass sie auch dementsprechend zu fördern und zu entwickeln seien. Das Aufkommen der Umweltbewegung in den 1970er-Jahren störte erstmals diesen Konsens, aber die Umweltschützer blieben bis in die 1990er-Jahre hinein doch eine ziemlich kleine Gruppe. Mit der Epochenwende des Jahres 1989 und dem Erstarken des neoliberalen Denkens wird dann dieser Konsens von ganz anderer Seite endgültig aufgekündigt, und nach der Jahrtausendwende explodieren die Kontroversen über die Zukunft der Alpen.

Zum anderen ist dieser Streit sehr erstaunlich, weil unsere Gegenwart dadurch geprägt ist, dass, anders als noch in den 1970er- und 1980er-Jahren, heute keine wirklichen Alternativen mehr diskutiert werden: In Politik und Wirtschaft gibt es kaum noch relevante inhaltliche Differenzen, und alle Akteure handeln nur noch unter Verweis auf unausweichliche Sachzwänge, die sie zum bloßen Reagieren zwingen. Auch im normalen Alltagsleben dominieren Sachzwänge alle Entscheidungen und lassen keinen Spielraum für andere Möglichkeiten. Diese Sachzwänge gelten heute als effizient, logisch und vernünftig, und wer sie infrage stellt, ist unlogisch und unvernünftig und steht schnell außerhalb der »normalen« Gesellschaft.

Deshalb ist es eigentlich erstaunlich, dass bei der Frage nach der Zukunft der Alpen der Verweis auf die unvermeidlichen Sachzwänge nicht jede Diskussion unterbindet, sondern dass sich hierbei trotzdem ein solcher Streit entwickelt.

Ich selbst freue mich, dass es diesen Streit gibt, weil ich ihn für sehr wichtig halte und weil ich der Meinung bin, dass es kein Zufall ist, dass er sich gerade am Beispiel der Alpen entfaltet.

Deshalb möchte ich mich mit dieser Streitschrift in diesen Streit einmischen und Position beziehen – damit die Alpen auch in Zukunft ein lebenswerter Lebensraum bleiben.

Zu diesem Zweck wird in Teil I der Streitschrift die aktuelle Situation der Alpen zusammenfassend dargestellt, wobei die Bilanz negativ ausfällt: Die Alpen verwildern in jeder Hinsicht. In Teil II werden die fünf wichtigsten Positionen zur Zukunft der Alpen vorgestellt und bewertet, wobei die Bilanz ebenfalls negativ ausfällt: Keine von ihnen eröffnet den Alpen eine positive Zukunftsperspektive. Deshalb skizziert dann Teil III zentrale Elemente einer Zukunftsperspektive für die Alpen, mit der sie ein lebenswerter Lebens- und Wirtschaftsraum bleiben können.

Auffällig bei allen Diskussionen und Streitereien um die Zukunft der Alpen ist die Tatsache, dass es dabei gar nicht um die Alpen im eigentlichen Sinne, also um ihre spezifische Natur, Umwelt, Geschichte und Kultur geht, sondern dass die Alpenstreitpunkte stets untrennbar mit Grundsatzproblemen unserer modernen Welt verflochten sind.

Aus diesem Grund habe ich den Argumentationsgang dieser Streitschrift – im Unterschied zu meinen anderen Alpenpublikationen – so angelegt, dass die Wechselwirkungen zwischen der modernen Welt und den Alpen im Zentrum stehen. Dabei zeigt sich schnell, dass die heute so verbreitete Denkweise der alternativlosen Sachzwänge am Beispiel des Alpenraumes nicht greift – und daraus erwachsen sehr relevante und spannende Fragen und Streitpunkte.

Danken möchte ich an dieser Stelle Andreas Simmen, Programmleiter und Lektor des Rotpunktverlages: Er hatte die Idee für diese Streitschrift, und ich habe sie sehr schnell und mit großer Begeisterung aufgenommen.

Widmen möchte ich diese Streitschrift allen Menschen in den Alpen, die auf oft querköpfige Weise sich den scheinbar vernünftigen Sachzwängen unserer Gegenwart verweigern, die ihre eigenen, konkreten Erfahrungen über die allgemeine Vernunft stellen und die damit Widerstand gegen den Zeitgeist leisten.

Elf Thesen

1. Während die Alpen lange Zeit im Fokus der europäischen Öffentlichkeit standen, werden sie heute immer unwichtiger – als wirtschaftsschwache Region und Peripherie haben sie gegenüber den großen Wirtschaftszentren keine Bedeutung mehr.

2. Im Zeitalter der Globalisierung spielen die Alpen nur noch eine randliche Rolle als Ergänzungsraum der Metropolen, in den hinein all das verlagert wird, wofür in den großen Zentren kein Platz mehr ist.

3. Die alpenspezifischen Lebens- und Wirtschaftsformen mit ihren artenreichen und vielfältig-kleinräumigen Kulturlandschaften verschwinden derzeit sowohl durch Nutzungseinstellung und Verwilderung als auch durch Verstädterung und Zersiedlung.

4. Mit dieser Entwicklung verschwinden auch die vielfältigen Umwelterfahrungen, wie man die Alpen zum Zweck der menschlichen Nutzung verändern kann, ohne sie zu zerstören. Dieses Wissen ist für die weltweit wachsenden Umweltprobleme extrem wichtig.

5. In den verstädterten Alpenregionen in den tiefen Tallagen, am Alpenrand und in den Tourismuszentren leben heute zwei Drittel der Alpenbevölkerung, und hier konzentrieren sich sogar drei Viertel aller Arbeitsplätze der gesamten Alpen.

6. Der Tourismus hat noch nie die Alpen flächenhaft geprägt, und er konzentriert sich derzeit immer stärker auf nur 300 Tourismuszentren, die zu Tourismusstädten werden, während viele kleine Tourismusorte und -anbieter vom Markt verschwinden.

7. Im eigentlichen Gebirgsraum der Alpen gibt es neben den Tourismuszentren nur noch die Wasserkraftnutzung als moderne Nutzungsform. Allerdings stellen diese Anlagen kaum Arbeitsplätze, und der Gewinn fließt aus den Alpen ab.

8. Wenn sich die gegenwärtigen Entwicklungen weiter fortsetzen, wird die Zukunft der Alpen furchtbar – die Alpen zerfallen nur noch in verstädterte Gebiete und in Wildnisgebiete.

9. Die aktuellen Probleme der Alpen sind keine alpenspezifischen Probleme, sondern hier zeigen sich die zentralen Probleme der globalen Entwicklung besonders anschaulich und deutlich. Deswegen gibt es für die Alpen nur dann eine positive Zukunft, wenn sie sich diesen Selbstverständlichkeiten verweigern.

10. Für diese positive Zukunft muss die dezentrale Nutzung der Alpenressourcen in umwelt- und sozialverträglichen Formen gestärkt werden, und zwar mittels regionaler Qualitätsprodukte, um artenreiche Kulturlandschaften und alpenspezifische Lebens- und Wirtschaftsformen dauerhaft zu erhalten.

11. Diese Aufwertung kann nicht dadurch umgesetzt werden, dass sich die Alpen nach außen abschotten, sondern nur in Form der Gleichwertigkeit von endogenen und exogenen Nutzungen im Alpenraum – als ausgewogene Doppelnutzung.

I.
Zur aktuellen Situation: **Die Alpen verwildern**

Wildgewordene Alpen 1

Natur und Umwelt

Die meisten Menschen sehen und erleben die Alpen als eine großartige, gewaltige Naturlandschaft, die lediglich im Bereich der Täler durch Siedlungen, Gewerbegebiete, Autobahnen, Eisenbahnen und Straßen und im Bereich der Bergregionen durch Skigebiete, Bergbahnen, Stauseen und Hochspannungsleitungen vom Menschen verändert worden sei, während ansonsten die Gletscher, Felsen, Wälder, Wiesen und Weiden eine mehr oder weniger intakte Natur darstellten.

Dieses verbreitete Bild ist jedoch völlig falsch: Nicht erst die moderne Gesellschaft hat die Alpen verändert, sondern bereits die Bauerngesellschaften haben dieses Hochgebirge und seine Natur tief greifend ökologisch umgewandelt, um sich hier einen Lebensraum zu schaffen.

Im Naturzustand waren die Alpen – mit Ausnahme der Fels- und Gletscherregionen – fast vollständig mit einem dichten Wald bedeckt, und es gab nur wenige waldfreie Flächen. Diese bestanden aus den alpinen Rasen oberhalb der Waldgrenze, die im Naturzustand aber nur relativ klein waren, und aus Teilen der breiten Talböden, auf denen die regelmäßigen Hochwasser den Wald nicht aufkommen ließen. Darüber hinaus gab es noch kleinräumig waldfreie Flächen im Bereich von Gebieten mit besonders schlechter Bodenbildung, im Bereich von Mooren und auf Stellen, die durch regelmäßige Lawinen, Felsstürze, Steinschläge oder Muren (Gemisch aus Wasser, Steinen, Erde) waldfrei gehalten wurden.

Ein so stark bewaldeter Raum sperrte sich der bäuerlichen Nutzung, weil es keine Siedlungs- und Ackerflächen gab und weil die Weideflächen sehr begrenzt waren. Hinzu kam noch, dass die Alpen geologisch ein junges Hochgebirge sind, dessen Hebung noch lange nicht abgeschlossen ist. Dies führt zu großen Meereshöhen, einem steilen Relief und einer labilen Geologie, und in Verbindung mit den hohen Niederschlägen und der kurzen Vegetationszeit sind viele Naturprozesse durch eine »sprunghafte Naturdynamik«, also durch Berg- und Felsstürze, Steinschlag, Hochwasser, Muren und Lawinen geprägt.

Die hohe Waldbedeckung und die sprunghafte Naturdynamik waren also die Ursache dafür, dass die Alpen im Naturzustand von Bauerngesellschaften nicht besiedelt und genutzt werden konnten.

Dass die Alpen dann aber ab 6000 v. u. Z. trotzdem besiedelt und genutzt wurden, lag daran, dass sie wichtige Ressourcen wie fruchtbare Böden, sauberes Wasser, günstiges Klima (vor allem auf der Alpensüdseite und in den inneralpinen Trockenzonen) und wertvolle Erze besaßen. Aber zu ihrer Nutzung musste die Natur der Alpen erst tief greifend verändert werden:

1. In den tiefen Lagen der Alpen wurden große Waldflächen gerodet, um Siedlungen, Acker- und Wiesenflächen zu gewinnen, und zwar vor allem auf den sonnigen südexponierten Hängen, während auf den nordexponierten Hängen der Wald oft stehen blieb. Die landwirtschaftliche Nutzung betraf aber nicht die Talaue oder den ebenen Talboden, der regelmäßig überschwemmt wurde, sondern umfasste nur die höher gelegenen Bereiche des Talbodens, die Schwemmkegel der Seitenbäche und die unteren Berghänge.
2. Auf den ebenen Talböden war die Gewalt des Hochwassers so groß, dass Bauerngesellschaften sie nicht kontrollieren konnten; deshalb wurden diese Gebiete erst im 19. Jahrhundert mit moderner Technik in intensiv genutztes Kulturland umgewandelt. Diese Flächen, die heute oft als die am besten und einfachsten zu nutzenden Flächen in den Alpen angesehen werden, waren also die schwierigsten, die am spätesten kultiviert wurden.
3. Der Bereich der alpinen Rasen wurde durch Waldrodungen sehr stark vergrößert, und die Obergrenze des Waldes wurde alpenweit etwa 300 Höhenmeter abgesenkt; erst dadurch entstanden die relativ großen Alpregionen, die uns heute oft so »natürlich« vorkommen.

Dadurch wurde der Charakter der Alpen vollständig verändert: Aus einem dicht bewaldeten Hochgebirge, aus dem nur Fels- und Gletscherberge aus dem Wald herausragten, wurde eine offene Landschaft, in der sich Wald- und Kulturlandschaftsflächen kleinräumig abwechselten und die überall Fern- und Tiefblicke ermöglichte, die im Wald nicht möglich waren. Das uns vertraute Alpenbild ist ein Kulturprodukt und entspricht keineswegs dem Naturzustand der Alpen.

Da aber der Wald auf allen Flächen mit einem steilen Relief der beste Erosions-, Hochwasser- und Lawinenschutz ist, vergrößerten die Bauerngesellschaften mit den Waldrodungen die sprunghafte Naturdynamik der Alpen noch zusätzlich. Um hier dauerhaft leben und wirtschaften zu können, waren sie gezwungen, mit ihren Nutzungen diese Dynamiken gezielt zu dämpfen. Das Ergebnis lässt sich in fünf Punkten zusammenfassen:

1. Akzeptieren von Nutzungsgrenzen: Nicht jeder Hang kann gerodet und in Kulturland umgewandelt werden, sondern ab einer bestimmten Steilheit muss der Wald stehen gelassen werden und besitzt eine Funktion als Bannwald (Schutz von Siedlungen vor Lawinen und Steinschlag).
2. Ausweichen vor großen Gefahren: Keine Anlage von Siedlungen auf den Talböden oder in Steinschlag- und Lawinengebieten und an diesen Orten auch nur eine extensive Landnutzung in sicheren Jahreszeiten.
3. Kleinräumige Nutzung: Da die Alpen von Natur aus sehr kleinräumig geprägt sind (Wechsel von feuchten und trockenen, steilen und flachen, sonnigen und schattigen Stellen), muss die Nutzung entsprechend kleinräumig gestaltet werden.
4. Das richtige Maß der Nutzung praktizieren: Eine zu intensive Nutzung zerstört die Vegetationsdecke

und die Fruchtbarkeit des Bodens, eine zu extensive Nutzung lässt schnell den standortgemäßen Wald wieder aufkommen; deshalb ist das richtige Maß der Nutzung sehr entscheidend, damit sich die Vegetation mit der Nutzung gut entwickelt.

5. Aufwendung von viel Pflege- und Reparaturarbeit: Darüber hinaus müssen die Nutzflächen an vielen kritischen Punkten durch zusätzliche Arbeiten gezielt stabilisiert werden.

Die Ergebnisse dieser fünf Nutzungsstrategien, die im so dynamischen Alpenraum auf eine dauerhaft nachhaltige Nutzung abzielen, zeigen sich sehr deutlich in der ausgeprägten Kleinräumigkeit der traditionellen Kulturlandschaften und in dem Faktum, dass es zahllose Nutzflächen in den Alpen gibt, die vom Mittelalter bis heute ununterbrochen bewirtschaftet werden, ohne ihre Fruchtbarkeit zu verlieren und ohne durch Erosion oder andere Prozesse zerstört zu werden. Das bedeutet, dass es den Bauerngesellschaften gelang, die sprunghafte Naturdynamik im Alpenraum so stark zu dämpfen, dass sie hier dauerhaft leben und wirtschaften konnten.

Da die Wälder der Alpen in geologischer Sicht noch sehr jung sind – sie entstanden ja erst nach dem Ende der letzten Eiszeit –, sind sie nicht besonders artenreich. Die natürliche Artenvielfalt der Alpen findet sich in erster Linie in den Rasengesellschaften, und diese Pflanzen erhielten durch die bäuerliche Waldrodung, bei der keine Arten ausgerottet wurden, viele bessere Ausbreitungsmöglichkeiten. Zugleich förderte die hohe Kleinräumigkeit der Kulturlandschaften die Artenvielfalt, und die Menschen führten gewollt oder ungewollt zahlreiche neue Pflanzen in die Alpen ein. Deshalb kann man feststellen, dass die Artenvielfalt der Alpen durch die Umwandlung der Natur- in eine Kulturlandschaft spürbar erhöht wurde.

In der Zeit zwischen 1850 und 1880 erreichten diese traditionellen Nutzungen ihren Höhepunkt im Alpenraum – damals wurden alle Flächen mit Vegetationsbedeckung in irgendeiner Form genutzt, und selbst abgelegene Rasenbänder im steilen Fels wurden mit der Sichel gemäht, wobei die Wildheuer waghalsige Klettereien unternahmen.

Um die heutigen Umweltveränderungen in den Alpen zu verstehen, muss man also wissen, dass die modernen Nutzungen nicht in einem Alpenraum durchgeführt werden, der sich im Naturzustand befindet, sondern in bäuerlich geprägten Kulturlandschaften. Dies stellt eine völlig andere Ausgangssituation dar.

Das Grundprinzip aller modernen Nutzungen, die mit der industriellen Revolution entstehen, besteht darin, dass die Nutzungen stark intensiviert werden und dass alle traditionellen Nutzungen, die nicht intensiviert werden können, verschwinden, weil sie zu teuer produzieren. Dies betrifft die Landwirtschaft in den Alpen sehr stark, die nur auf wenigen und kleinen Flächen (auf den ebenen Talböden und auf ebenen Alpflächen) wirklich intensiv wirtschaften kann und die deshalb auf den meisten Flächen im Laufe der Zeit ihre Nutzung einstellt.

Auf den brachfallenden Äckern, Wiesen und Weiden breiten sich schnell Büsche und Sträucher aus, und nach gut hundert Jahren kommen dann allmählich auch wieder Bäume auf, sodass die Alpen sehr langsam wieder verwalden. Der Prozess läuft manchmal relativ schnell ab (in sehr tiefen und feuchten Lagen wachsen Bäume bereits 60 Jahre nach der Nutzungseinstellung), er benötigt in höheren Lagen oft einige Hundert Jahre und dauert in sommertrockenen Alpenregionen noch viel länger. Wenn man diese Entwicklung kennt, die um 1880 herum beginnt, aber erst ab 1965 zu einem flächenhaften Phänomen wird, dann sieht man heute überall in den Alpen großflächig verbuschende Berghänge und Alpgebiete: Die Waldfläche (unter Einbezug der verbuschten Flächen) hat sich in den letzten hundert Jahren in den Alpen verdoppelt.

Diese Veränderung betrifft nicht nur die Pflanzen, sondern auch die Tiere: Die im 19. Jahrhundert ausgerotteten Raubtiere – Wölfe, Bären, Luchse und andere – kehren derzeit wieder in die Alpen zurück und verbreiten sich schnell, weil sie in den brachfallenden Gebieten gute Lebensmöglichkeiten finden.

Mit dieser Entwicklung verändert sich das Bild der Alpen: Die kleinräumigen und sehr abwechslungsreichen Kulturlandschaften gehen zurück und machen einheitlichen Vegetationsgesellschaften Platz, und aus den offenen Landschaften werden stark durch Wald geprägte Landschaften, in denen zahlreiche landschaftsprägende Elemente hinter Bäumen verschwinden. Dabei geht zugleich die hohe Artenvielfalt der traditionellen

Kulturlandschaften zurück, und die ökologische Dynamik steigt an, weil alle Vegetationsstadien auf dem Weg hin zum standortgemäßen Wald ökologisch instabil sind.

Während für die traditionellen Bauerngesellschaften der Alpen die Dämpfung der sprunghaften Naturdynamik und die Stabilisierung der Kulturlandschaft stets eine zentrale Bedeutung besaß, spielt dies für moderne Nutzungen lediglich eine Rolle als Kostenfaktor, der minimiert werden muss. Der Schutz vor Naturgefahren wird an die staatlichen Institutionen der Wildbach- und Lawinenverbauung delegiert und allein mittels technischer Bauwerke, nicht mehr aber über dauerhaft nachhaltige Nutzungsformen zu erreichen versucht. Da Bauwerke nur ausgewählte Punkte sichern können, die Bauerngesellschaften früher jedoch die gesamte Nutzfläche stabilisierten, vergrößert die moderne Entwicklung das ökologische Gefahrenpotenzial für alle Siedlungs-, Verkehrs- und Nutzflächen.

Weil die modernen Nutzungen sehr hohe Anforderungen an eine schnelle Erreichbarkeit und an eine intensive Nutzung stellen, sind davon in den Alpen nur relativ kleine Flächen betroffen. Diese liegen in erster Linie in den großen Alpentälern und in Gebieten in der direkten Nähe einer größeren außeralpinen Stadt, und erst in zweiter Linie finden sich solche Flächen in kleinem Umfang auch im eigentlichen Hochgebirge.

Die Verbuschung und spontane Verwaldung ist in den französischen Südalpen, in den piemontesischen Alpen, im Tessin und in den italienischen Ostalpen besonders stark ausgeprägt, während sich die größten zusammenhängenden Waldflächen der Alpen in den östlichen Ostalpen (Nieder- und Oberösterreich, Steiermark) finden – hier beträgt der Waldanteil in 120 Gemeinden mehr als 80 Prozent der Gemeindefläche, und hier sehen die Alpen bereits heute fast wie im Naturzustand aus. Im übrigen Alpenraum mischen sich derzeit noch genutzte und verbuschte Flächen kleinräumig.

Die verstädterten Gebiete sind am Alpenrand im Einzugsbereich der Metropolen Wien, München, Genf, Nizza und Mailand besonders stark ausgeprägt sowie entlang der Transitachsen von Mont-Blanc, Simplon, Gotthard, Alpenrhein, Brenner, Tauern sowie in der Mur-Mürz-Furche; große Konzentrationen von verstädterten Tourismuszentren finden sich in den französischen Nordalpen, in Teilen des Wallis, im Berner Oberland, im Oberengadin, im Aosta- und Susa-Tal und in den Dolomiten, in den übrigen Alpenräumen dagegen nur vereinzelt oder gar nicht.

Die aktuellen Veränderungen von Natur und Umwelt in den Alpen bedeuten also, dass die Alpen auf großen Flächen verwildern und dass viele Regionen heute bereits im wörtlichen Sinne »wildgeworden« sind, also durch Rückzug des Menschen, flächenhafte Verbuschung und Ausbreitung von Raubtieren geprägt sind.

Diese Entwicklung ist als Verlust zu bewerten: Damit verschwindet die traditionelle Artenvielfalt der Alpen und die traditionelle ökologische Stabilität der Kulturlandschaften. Zugleich geht damit ein menschlicher Lebens- und Wirtschaftsraum mit einer langen Geschichte verloren, es verschwinden jahrhundertealte Erfahrungen im Umgang mit einer sprunghaften Naturdynamik, und es verschwindet eine gemeinsame Verantwortung für die menschlich veränderte und genutzte Natur.

Wildgewordene Alpen 2

Wirtschaft und Kultur

Auch bei diesem Thema geht es zuerst darum, eine falsche Alpensicht zu korrigieren, damit die aktuellen Entwicklungen angemessen verstanden werden können.

Viele Menschen gehen davon aus, dass die Alpen ursprünglich ein rein ländlicher Raum gewesen seien, in dem die Bergbauern in Harmonie mit der Natur gelebt und gewirtschaftet hätten, und dass dann die moderne Entwicklung und vor allem der Tourismus diese Harmonie radikal zerstört habe. Dieses verbreitete Bild ist jedoch völlig falsch: Erstens haben die Bauerngesellschaften sehr stark in die Natur der Alpen eingegriffen und sie tief greifend ökologisch verändert – was allen Vorstellungen einer »Harmonie« mit der Natur widerspricht –, zweitens spielten Handwerk und Gewerbe, vor allem Bergbau und Erzverarbeitung, schon immer eine wichtige Rolle – was der Vorstellung der Alpen als bäuerlicher Raum widerspricht –, und drittens besaßen die Alpenstädte eine wichtige Position im vormodernen Alpenraum – was nicht zum Bild der Alpen als ländlicher Raum passt.

Das zentrale Charakteristikum der traditionellen Wirtschaft im Alpenraum bestand darin, dass Landwirtschaft, Handwerk, Gewerbe und Dienstleistungen alpenspezifische Ressourcen nutzten und vermarkteten. Dies war immer mit größeren Natureingriffen verbunden, allerdings bestand stets ein großes Interesse daran, die menschlich veränderte Natur durch bestimmte Nutzungsformen und Pflege- und Reparaturarbeiten ökologisch zu stabilisieren, um eine dauerhafte Nutzung zu ermöglichen. Dies war im Bereich der Landwirtschaft besonders deutlich ausgeprägt, bestimmte aber auch Handwerk, Gewerbe und Dienstleistungen. Allerdings konnten im Bereich Bergbau und Erzgewinnung kurzfristig sehr große Gewinne erzielt werden (Goldgewinnung, Eisenproduktion für Waffen), weshalb es hier immer wieder zu kurzfristigen Nutzungsextremen kam, die mit hohen Umweltzerstörungen wie großflächigen Kahlschlägen verbunden waren. Insgesamt gesehen war dies jedoch nicht die Regel.

Die traditionelle Alpenkultur stand in engem Bezug zum Wirtschaften und engagierte sich dafür, die sozialen und kulturellen Voraussetzungen eines dauerhaften Lebens und Wirtschaftens in einer schwierigen und dynamischen Umwelt zu festigen. Deshalb spielte die Berücksichtigung der Interessen der nachfolgenden Generationen, die gemeinsame Umweltverantwortung *aller* Bewohner eines Dorfes oder Tales und die soziale Gerechtigkeit (zur Reduzierung sozialer Gegensätze, die leicht zu Umweltproblemen führen konnten) eine wichtige Rolle. Dies betraf in erster Linie die bäuerlichen und ländlichen Regionen der Alpen, fand sich aber auch oft in den lokalen Hochkulturen in den Alpenstädten. Damit unterschieden sich die traditionellen Gesellschaften der Alpen nicht wesentlich von denen Europas, bei denen ebenfalls die Langfristigkeit aller Handlungen und die Gleichheit im Zentrum standen.

Im Alpenraum gab es jedoch keine homogene traditionelle Alpenkultur: Jede Alpenregion und jedes Alpental besitzt aufgrund der kleinräumigen Struktur der Alpennatur ganz besondere Umweltbedingungen, also ganz spezifische Umweltpotenziale und ganz spezifische Umweltprobleme. Und da die Menschen der vorindustriellen Zeit in sehr engem Bezug zur Umwelt lebten und wirtschafteten, prägten diese unterschiedlichen Umweltbedingungen die lokalen Kulturen und führten zu einer großen konkreten Vielfalt. Hinzu kamen die Auswirkungen der Geschichte: Aufgrund der Kleinräumigkeit der Alpen wirkten sich politische Machtwechsel, Kriegszüge, Pest- und andere Epidemien, religiöse Bewegungen, Flüchtlingsströme usw. auf jedes Alpental unterschiedlich aus. Die beiden Faktoren Umwelt und Geschichte sorgten dafür, dass die traditionelle Alpenkultur konkret so vielfältig ausgeprägt war, dass ihre Gemeinsamkeit oft nur auf einer Metaebene zu erkennen ist, nämlich ihre ausgeprägte Kleinräumigkeit und ihr enger Umweltbezug. Auf diese Weise entstanden zahllose unterschiedliche Kulturen, die alle durch einen engen Alpenbezug und eine alpenspezifische Ausgestaltung des konkreten Lebens und Wirtschaftens geprägt waren.

Dies drückte sich auch materiell, also sichtbar aus: Das anschaulichste Beispiel war die traditionelle Architektur der Alpen, die einerseits sehr vielfältig-kleinräumig geprägt war, andererseits mittels ihrer Baumaterialien einen engen Umweltbezug besaß, aber dies galt ebenfalls für den Bereich der Werkzeuge und des Handwerks, das mit der Nutzung der lokalen Ressourcen produzierte, und für die materielle Volkskultur (Masken, Figuren, Trachten usw.).

Der Einbruch der modernen Welt in die Alpen bedeutet also nicht den Einbruch in eine bäuerliche Idylle, die in Harmonie mit ihrer Umwelt lebte, sondern den Einbruch in eine Agrargesellschaft, die die Ressourcen der Alpen intensiv nutzte, die sich aber auch zugleich für die ökologische Stabilisierung der veränderten Natur verantwortlich fühlte und durch kleinräumige Strukturen und eine starke Umweltverantwortung charakterisiert war.

Die modernen Nutzungen, die ab 1760 bis 1780 in England mit der industriellen Revolution entstehen und ab etwa 1880 auch den Alpenraum direkt erfassen, sind geprägt durch eine hohe Nutzungsintensität (Ersetzung menschlicher Arbeit durch Maschinen), eine starke Arbeitsteilung und eine große Bedeutung von Massentransporten. Deshalb konzentrieren sich alle modernen Nutzungen an Standorten, die mittels Schiff, Eisenbahn oder Lkw sehr gut erreichbar sind. Dies bedeutet für die Alpen eine prinzipielle Benachteiligung, denn eine sehr gute Erreichbarkeit ist lediglich in den tiefen Tallagen, nicht aber im eigentlichen Hochgebirge gegeben.

Aus diesem Grund partizipieren die Alpen nur sehr eingeschränkt an der modernen Entwicklung: Die Alpenstädte, die in den großen Alpentälern an den gut ausgebauten Transitstrecken liegen, wachsen sehr stark (schlecht erreichbare Alpenstädte verlieren dagegen viele Einwohner) und breiten sich auf den Talböden bandartig aus. Und an den Autobahnen, die durch diese Täler führen, entstehen an allen Ausfahrten größere Wohn-, und Gewerbegebiete sowie Einkaufszentren, sodass auch in größerer Entfernung zu einer Alpenstadt die Talböden immer stärker überbaut werden und sich hier sehr lange Siedlungsbänder ausbilden.

Weil das moderne Wirtschaften eine hohe Nutzungsintensität voraussetzt, die in den Alpen jedoch aufgrund des steilen Reliefs und der sehr dezentral verteilten Ressourcen nicht möglich ist, beruht das starke Wirtschaftswachstum im Bereich der tiefen Talböden der Alpen nicht auf der intensiveren Nutzung der regionalen Ressourcen. Im Gegenteil: Die Nutzung der alpenspezifischen Ressourcen durch Land- und Forstwirtschaft, Handwerk und Bergbau geht im Laufe der Zeit immer mehr zurück, und das Wirtschaftswachstum der Tallagen beruht auf der starken Zunahme der Arbeitsteilungen in Europa: Die Alpenstädte verstärken ihre wirtschaftlichen Verflechtungen mit den großen außeralpinen Metropolen in der Nähe der Alpen, und die Gewerbegebiete an den Autobahnabfahrten profitieren von der Lage der Alpen im Zentrum Europas. Deshalb verschwinden in den Alpenstädten die regionstypischen Produktions- und Dienstleistungsbetriebe und werden durch Filialbetriebe europäischer Konzerne ersetzt, und entlang der Autobahnen siedeln sich ubiquitäre Betriebe an, die mit den Alpen nichts zu tun haben und die hier nur die Standortgunst zwischen dynamischen Wirtschaftsräumen nutzen.

Dadurch entstehen große räumliche Gegensätze: Während die gut erreichbaren Talböden der Alpen ein sehr hohes Bevölkerungs- und Wirtschaftswachstum verzeichnen, immer dichter verbaut werden und eine chaotische Zersiedlung aufweisen, werden die direkt benachbarten Berghänge und die eigentlichen Gebirgsregionen davon nicht erreicht, weil das steile Relief und die schwierigen Wetterverhältnisse im Winter eine leichte Lkw-Erreichbarkeit verhindern und eine Pkw-Erreichbarkeit erschweren. Deshalb geht hier die Nutzung der alpenspezifischen Ressourcen zurück, die Landschaft verbuscht flächenhaft, und die Menschen, die hier noch leben, sind Pendler, die täglich zur Arbeit ins Tal hinabfahren. Der Gegensatz zwischen den verbuschenden Berghängen und den zersiedelten Tallagen könnte nicht stärker sein.

Im eigentlichen Alpenraum gibt es dagegen nur zwei moderne Nutzungsformen. Die Wasserkraft wird dank des Wasserreichtums der Alpen und ihres steilen Reliefs genutzt, um Energie für die europäischen Zentren zu gewinnen. Da die Stromkonzerne aber ihren Hauptsitz in der Regel außerhalb der Alpen haben, fließt ihr Gewinn aus den Alpen ab. Und da die Anlagen automatisch betrieben werden, sind damit auch kaum Arbeitsplätze verbunden. Deshalb spielen sie für die regionale Wirtschaft im Alpenraum kaum eine Rolle.

Der Tourismus ist die zweite moderne Nutzungsform im Gebirgsraum der Alpen. Er konzentriert sich jedoch sehr stark auf nur 300 Tourismuszentren, ist also räumlich stark limitiert. Im Laufe der Entwicklung spielen die touristischen Infrastrukturen wie Skigebiete, Golfplätze, Mountainbike-Parks und die sogenannten Aktivsportarten, also das intensive Erleben des eigenen Körpers in diesen Strukturen, eine immer wichtigere Rolle, und das Erlebnis der Alpen reduziert sich auf die Bedeutung einer Kulisse. In den letzten zehn Jahren wird dies noch dadurch gesteigert, dass an zahlreichen Stellen in den Tourismuszentren spektakuläre Aussichtsplattformen, Hängebrücken, Hochseilgärten und Freizeitparks errichtet werden, weil Panorama und Landschaft allein nicht mehr genügen, und dass die Skigebiete mit Snowparks, WLAN, Apps und anderen Mitteln technisch aufgerüstet werden. Dadurch zieht sich der Tourismus immer stärker aus der Natur- und Kulturlandschaft der Alpen zurück und konzentriert sich immer stärker in kleinen, technisch hochgerüsteten Tourismus-Ghettos.

Beide Entwicklungen – die starke Zersiedlung der tiefen Tallagen und die touristische Überprägung von Standorten im Hochgebirge – besitzen eine wichtige Gemeinsamkeit: Die Alpen spielen heute keine relevante Rolle mehr, weder als direkte Ressource für das Wirtschaften in den Tallagen noch als indirekte Ressource für den Tourismus (Natur- und Kulturlandschaften als touristisches Potenzial). Dieser mangelnde Alpenbezug zeigt sich anschaulich an den modernen (Zweck-)Bauten der Alpen, die sich in den Tälern und in den Tourismuszentren an europaweit verbreiteten (groß)städtischen Vorbildern orientieren, die überall gleich aussehen und keinen Bezug mehr zu ihrer Umwelt haben.

Gleiches gilt für das kulturelle Leben: Die Bewohner der stark gewachsenen Alpenstädte und der dicht besiedelten Tallagen verhalten sich heute in Bezug auf die Alpen oft wie Touristen, die Bewohner der Touristen-Ghettos inszenieren meist ein fingiertes Heidi-Idyll, und beide besitzen keine gemeinsame Verantwortung für »ihre« Umwelt mehr und gehen mit den Alpen nur noch auf eine technisch-instrumentelle Weise um.

Das bedeutet: Auch in den Bereichen Wirtschaft und Kultur verwildern die Alpen, indem die traditionellen Ressourcen der Alpen nicht mehr genutzt werden, ihren Wert verlieren und so allmählich verschwinden – die bäuerlichen Kulturlandschaften, die in jahrhundertelanger Arbeit kultiviert wurden und heute im Buschwerk und Wald verschwinden, sind dafür wohl das anschaulichste Beispiel.

Im Gegensatz zu den traditionellen Gesellschaften der Alpen, die langfristig handelten und sich für die ökologische Stabilität der von ihnen veränderten Alpennatur verantwortlich fühlten, handeln die modernen Nutzer nur kurzfristig und fühlen sich auch nicht für die ökologische Stabilität verantwortlich, weil sie zu den Alpen und zu ihrer spezifischen Umwelt gar keinen Bezug haben.

Deshalb kann man im übertragenen Sinn davon sprechen, dass die Alpen heute wildgeworden sind: Die völlig ungeordnete und chaotische Zersiedlung der großen Alpentäler mit ihren anonymen und austauschbaren Bauten ist sichtbarer Ausdruck einer extrem kurzfristigen und kurzsichtigen Wirtschaftsdynamik, deren Ideologie des unendlichen Wachstums auf einer begrenzten Erde und erst recht in der schwierigen Umwelt der Alpen zur Selbstzerstörung führen muss. Und die permanente Steigerung aller touristischen Attraktionen durch immer noch exzentrischere Angebote stellt einen Wahnwitz dar, der nur in einem riesigen Erlebnis-Burnout enden kann.

Dort, wo die moderne Entwicklung die Alpen beherrscht, führt sie zu anonymen, austauschbaren, kurzsichtigen und verantwortungslosen Strukturen – eben zu »wildgewordenen Alpen«.

II.
Welche Zukunft für die Alpen? **Fünf Zeitgeist-Perspektiven**

Vorbemerkung

Über die Zukunft der Alpen wird immer wieder diskutiert. Die gegenwärtige Situation ist nach Einschätzung der meisten Beobachter schwierig und die Zukunft mit vielen unlösbar erscheinenden Problemen verbunden.

Die folgenden fünf Perspektiven sind in der breiten Öffentlichkeit immer wieder ein Thema, und sie decken die Bandbreite ab, innerhalb derer sich die Alpendiskussion heute bewegt.

Daneben gibt es natürlich weitere Zukunftsvorstellungen wie eine Rückkehr zur traditionellen alpinen Lebenswelt, der Aufbau von Selbstversorgerwirtschaften in jedem Alpental (Subsistenz- oder Autarkieperspektive) oder eine großindustrielle Nutzung der Bodenschätze (Gold- und Erzgewinnung) und des Wassers (Mineralwasserproduktion) der Alpen. Aber diese Perspektiven haben derzeit nur marginale Bedeutung in der Diskussion, weshalb sie hier nicht thematisiert werden.

Die fünf in diesem Kapitel vorgestellten Zukunftsperspektiven sind nicht alle gleich wichtig oder gleich wahrscheinlich. Es geht hier nicht um mögliche Wahrscheinlichkeiten, sondern um eine inhaltliche Auseinandersetzung mit den verbreitetsten Zukunftsbildern und um die Frage, wie diese zu bewerten sind.

Die »realistische« Perspektive

Anschluss an die Moderne

Diese Zukunftsperspektive wird von vielen Bürgermeistern, Regionalpolitikern, Wirtschaftsverbänden und Tourismusorganisationen im Alpenraum vertreten, und oft lassen sich auch Teile der Alpenbevölkerung beziehungsweise Teile der Wähler inhaltlich dafür gewinnen.

Die Grundidee besteht darin, dass man zur Beseitigung der Wirtschaftsschwäche und zur Schaffung von zusätzlichen Arbeitsplätzen, zur besseren Versorgung der Gemeinden mit Infrastrukturen und zur Erhöhung der kommunalen Steuereinnahmen versucht, die dynamische Wirtschaftsentwicklung in den großen Alpenstädten, in den Tallagen oder in den Tourismuszentren auf Gemeinden oder Regionen auszuweiten, die davon noch nicht erfasst sind. Dazu werden oft die folgenden fünf Umsetzungsstrategien oder Maßnahmen angewandt.

Die *erste und häufigste Maßnahme* ist die Verbesserung der Erreichbarkeit. Nur in Ausnahmefällen wird dabei an neue (Schmalspur-)Eisenbahnverbindungen gedacht – aber solche Ideen gibt es derzeit durchaus –, in der Regel stehen Straßenbauprojekte im Zentrum. Am effektivsten zur Förderung einer solchen Entwicklung ist der Bau einer Autobahn, die aber wegen des geringen Verkehrsaufkommens im Alpenraum selbst nur als Transitautobahn denkbar ist. Eine solche neue Autobahn – etwa die »Alemagna« zwischen Venedig und Bayern, um die seit langem gestritten wird – würde zahlreiche bislang abgelegene Alpenregionen direkt mit europäischen Metropolen verbinden und ihnen eine Entwicklung wie im Unterinntal, im Alpenrheintal oder im Wallis ermöglichen. Deshalb gibt es starke politische Kräfte in diesen Alpenregionen, die sich dafür aussprechen. Allerdings verhindern die internationalen Festlegungen zum alpenquerenden Verkehr – fixiert im Verkehrsprotokoll der Alpenkonvention – den Bau neuer Transitautobahnen. Regionale Politiker versuchen zwar oft, die nationale Politik auf ihre Seite zu ziehen, können sich dabei aber derzeit nicht durchsetzen.

Am zweiteffektivsten ist der Bau einer Auto- oder Schnellstraße (zweispurige kreuzungsfreie Straße ohne Ortsdurchfahrungen). Solche Straßen werden derzeit in vielen großen und größeren Alpentälern gebaut oder geplant, die keine Transitautobahn besitzen. Sie beschleunigen den Pkw- und Lkw-Verkehr sehr stark und werden vom Transitverkehr oft als »Schleichwege« mitbenutzt, weshalb sie politisch immer wieder sehr umstritten sind. Da solche Autostraßen sehr teuer sind, werden sie in der Regel nur in größeren Alpentälern mit einem hohen regionalen und überregionalen Verkehrsaufkommen gebaut.

Für Gemeinden und Regionen abseits davon bleibt zur Verbesserung ihrer Erreichbarkeit nur der Bau von neuen Stichstraßen übrig, die Schluchtstrecken mittels Tunnel oder Brückenbauten umgehen, Steigungen durch neue Serpentinen reduzieren und lange Lawinengalerien besitzen, damit diese Straßen auch im Winter stets befahrbar sind.

Mit der dadurch stark verbesserten Erreichbarkeit erhoffen sich die Protagonisten die Ansiedlung von neuen ubiquitären Betrieben, eine höhere touristische Nachfrage und bessere Möglichkeiten für die Bewohner, zu den Arbeitsplätzen außerhalb ihrer Gemeinde auspendeln zu können.

Die *zweite Maßnahme* legt das Schwergewicht darauf, in Verbindung mit einer besseren Erreichbarkeit die staatlichen Infrastrukturen eines kleineren regionalen Zentrums gezielt auszubauen. Dies wird meist mit sehr günstigen Gewerbeflächenangeboten verbunden, damit sich private und staatliche Impulse wechselseitig stärken. Dies soll eine wirtschaftliche Dynamik auslösen, die auch auf die Umgebung abstrahlt.

Die *dritte Maßnahme* besteht in einem aktiven Standortmarketing, das neben den »harten« Standortfaktoren (Erreichbarkeit, Bodenpreise, Infrastrukturen) vor allem die »weichen« Faktoren betont, also die schöne Landschaft der Alpen, die Umweltqualitäten, die Freizeitmöglichkeiten, aber auch ein lebendiges Brauchtum und ein intaktes Dorfleben. Als Motto wird oft der Satz »Arbeiten/Wohnen, wo andere Urlaub machen« verwendet. Diese Maßnahme zielt meist auf die Ansiedlung von ubiquitären Betrieben in Gewerbesiedlungen mit sehr günstigen Bedingungen und auf den Zuzug von neuen Einwohnern, und zwar von Menschen im erwerbsfähigem Alter und/oder von (wohlhabenden) Rentnern. Dies dient dazu, die kommunalen Einnahmen zu erhöhen, die vorhandenen Infrastrukturen besser auszulasten und die Kaufkraft in der Gemeinde zu erhöhen.

Die *vierte Maßnahme* wird in abgelegenen Gemeinden angewandt, wo die Erreichbarkeit so schlecht ist, dass die beiden ersten Maßnahmen nicht greifen. Hier bietet nur der Tourismus eine Entwicklungsmöglichkeit. Während bis in die 1980er-Jahre hinein neue touristische Großprojekte (Hotelsiedlungen, Skigebiete, Gletscherbahnen) errichtet wurden, ist dies heute aufgrund des harten Konkurrenzkampfes im Tourismus meist nicht mehr möglich (Andermatt ist derzeit eine der wenigen Ausnahmen). Deshalb bemühen sich derzeit eine Reihe von kleinen Gemeinden, mittels Verbindungsseilbahnen und -skiliften an ein großes Tourismuszentrum angeschlossen zu werden, um so ein Wirtschaftswachstum zu erreichen.

Die *fünfte Maßnahme* spielt auf einer etwas höheren Maßstabsebene: Größere Alpenregionen, Kantone oder Bundesländer vereinbaren eine enge Zusammenarbeit mit einer benachbarten außeralpinen Metropole, um auf diese Weise die funktionalen Verflechtungen zwischen beiden Räumen zu intensivieren. Dabei stehen aus der Sicht der Alpenregionen zwei Aspekte im Zentrum: Zum einen sollen dadurch Betriebe aus der Metropolregion in den Alpenraum hineinverlegt werden, und zum anderen sollen mehr Menschen im Alpenraum wohnen und täglich zur Arbeit in die Metropole auspendeln.

Für viele lokale und regionale Politiker sind diese fünf Maßnahmen die einzige Möglichkeit, ihrer Gemeinde oder Region eine tragfähige Wirtschaftsgrundlage zu verschaffen. Dagegen protestieren häufig Umweltgruppen, weil mit dem zusätzlichen Straßenbau, der Ausweisung von großen Gewerbegebieten und neuen touristischen (Groß-)Projekten der Verkehr vervielfacht und die Umwelt stark belastet wird. Es sieht dann auf den ersten Blick so aus, als wären die lokalen Politiker die Modernisierer und die Umweltschützer die Verhinderer, die den Alpengemeinden eine moderne Entwicklung wie im Flachland nicht erlauben und sie künstlich in der Vergangenheit halten wollten. Bei solchen Kontroversen, die im Alpenraum häufig anzutreffen waren und sind, stehen sich Wirtschaft und Umwelt unversöhnlich gegenüber und schließen sich wechselseitig aus.

Diese Perspektive der wirtschaftlichen Alpenentwicklung bezeichne ich als »realistische« Perspektive, weil sie so nahe am heutigen Zeitgeist ist, dass sie völlig selbstverständlich als die einzig realitätsnahe Perspektive gesehen wird. Ich setze sie zugleich in Anführungszeichen, weil ich davon überzeugt bin, dass sie gar nicht wirklich realitätsnah ist, sondern nur auf den ersten Blick so erscheint. Ihre inhaltliche Leitidee lässt sich so zusammenfassen, dass auch für die Alpen die Wirtschaftsentwicklung im europäischen Flachland das Vorbild darstellt, das sie gegen alle Widerstände nachvollziehen und nachholen müssen, weshalb ich diese Position als »Anschluss an die Moderne« bezeichne.

Wie ist diese Perspektive zu bewerten? Zuerst einmal ist festzustellen, dass nach solchen Maßnahmen keineswegs automatisch ein Wirtschafts- und Bevölkerungswachstum einsetzt. Es gibt eine ganze Reihe von aufwendigen Straßen-, Infrastruktur-, Gewerbeansiedlungs- und Tourismusprojekten, die gescheitert sind, weil das neue Angebot keine entsprechend große Nachfrage gefunden und nur Schuldenberge hinterlassen hat. Dies widerspricht dem Denken der Protagonisten, die davon ausgehen, dass der Verbesserung des Angebotes *immer* eine Steigerung der Nachfrage entspricht. Die Realität der Alpen entzieht sich immer wieder dieser wirtschaftswissenschaftlichen Logik. Und darüber hinaus kann man feststellen, dass sich große Teile der Alpen grundsätzlich dieser Form der wirtschaftlichen Aufwertung entziehen, weil Topografie und Relief ein modernes Wirtschaften sehr teuer machen oder ganz verunmöglichen.

Trotzdem gibt es genügend andere Beispiele in den Alpen, wo durch solche Maßnahmen eine wirtschaftliche und demografische Dynamik eingesetzt hat, sodass man sich damit auseinandersetzen muss.

Der wirtschaftliche Erfolg (neue Arbeitsplätze, höhere Steuereinnahmen, bessere Auslastung der Infrastrukturen) ist jedoch immer auch mit negativen Aspekten verbunden: Die frühere schlechtere Erreichbarkeit war zugleich ein Distanzschutz, mit dem die lokale und regionale Wirtschaft gegenüber der effektiveren und konkurrenzstärkeren Wirtschaft der Metropolen geschützt war. Deshalb werden mit der besseren Erreichbarkeit zahlreiche einheimische Betriebe durch Filialbetriebe aus den großen Metropolen ersetzt, und die neuen ubiquitären Betriebe, die sich hier ansiedeln, sind in der Regel Zweigbetriebe oder Niederlassungen großer Konzerne, sodass die wirtschaftliche Fremdbestimmung in solchen Regionen stark wächst. Analoges gilt auch für Tourismusgemeinden: Je größer die Projekte und die benötigten Investitionen werden, desto mehr Kapital braucht man, das nicht mehr vor Ort beschafft werden kann. Entweder engagieren sich externe Investoren, oder man borgt sich das Geld bei großen auswärtigen Banken, wodurch beide Male die ökonomische Fremdbestimmung zunimmt.

Der wirtschaftliche Erfolg führt zu stark wachsenden Boden-, Grundstücks- und Mietpreisen. Dies geht zulasten der weniger kaufkräftigen Teile der Einheimischen, und die in der Regel besser verdienenden Zuzügler verdrängen dann Teile der Einheimischen aus den Ortszentren in die Peripherie. Diese Entwicklung ist in den Tourismusgemeinden besonders stark ausgeprägt, wo in der Ortsmitte Bodenpreise wie in großstädtischen Zentren erzielt werden und Einheimische aus wirtschaftlichen Gründen die Gemeinde verlassen müssen.

Der wirtschaftliche Erfolg ist auch mit dem Zuzug von Personen verbunden, die aufgrund ihrer hohen beruflichen Qualifikationen Führungspositionen übernehmen, die vorher Einheimische innehatten. Dadurch wird die traditionelle Sozialstruktur überprägt und großstädtisch beeinflusst, was mit einer kulturellen Verdrängung und einer Verunsicherung der Einheimischen verbunden ist.

Und der wirtschaftliche Erfolg führt schließlich zu einer stark steigenden Umweltbelastung: Der Verkehr wächst überproportional an, und die Zersiedlung breitet sich sehr stark aus, was zu erheblichen Boden-, Wasser-, Luftverschmutzungen und Lärmbelastungen führt. Angesichts der alpenspezifischen Umweltbedingungen (wenig Platz auf den ebenen Talböden, häufige Inversionswetterlagen) erreichen die Umweltbelastungen dann oft großstädtische Werte, und die Umweltqualität sinkt rapide.

Fasst man diese Entwicklungen zusammen, dann wird der wirtschaftliche Erfolg dieser Perspektive erkauft durch den Verlust der noch existierenden alpenspezifischen Wirtschafts- und Lebensformen in diesen Räumen und durch wirtschaftliche Fremdbestimmung, durch Verdrängung von Teilen der Einheimischen, durch soziale Überprägung und kulturelle Verunsicherung und durch stark wachsende Umweltprobleme: So sieht eine positive Zukunft der Alpen nicht aus.

Die neoliberale Perspektive

Alles auf die Metropolen

Die »realistische« Perspektive hatte ihre Blütezeit in den 1970er- und 1980er-Jahren, als die europäischen Staaten noch relativ viel Geld hatten und eine soziale Marktwirtschaft einen hohen Stellenwert besaß. Damals engagierten sich fast alle Staaten dafür, dass auch die ländlichen Räume und die Peripherien an der allgemeinen Wirtschaftsentwicklung teilhaben sollten; dies wurde in Deutschland mit dem Ziel der »gleichwertigen Lebensbedingungen« in allen Teilräumen benannt, und viele andere Staaten verfolgten ähnliche Philosophien unter anderen Bezeichnungen wie etwa der »räumlichen Gerechtigkeit«. Zur Umsetzung wurden periphere Räume mit Autobahnen an die Wirtschaftszentren angeschlossen, staatliche Infrastrukturen an Knotenpunkten in der Peripherie gezielt ausgebaut und unterschiedliche Wirtschaftsförderungs- und Betriebsansiedlungsprogramme aufgelegt.

Auch die Alpen profitierten damals in allen Staaten (außer im sozialistischen Jugoslawien) von dieser Entwicklung, die stark dazu beitrug, die moderne Welt in allen größeren Alpentälern zu verankern.

Dann kommt die große Epochenwende der Jahre 1989 und 1990 mit dem Zerfall des sozialistischen Staatenblocks und dem Ende des Wettstreits zwischen Kapitalismus und Kommunismus. Dies führt dazu, dass sich die Marktwirtschaft globalisiert und völlig neue zusätzliche Märkte erschließt, dass sich die weltweiten Wirtschaftsverflechtungen sprunghaft intensivieren und eine neue Phase der Globalisierung beginnt, in der es die Marktwirtschaft nicht mehr nötig hat, sich in Konkurrenz zum Kommunismus als sozial zu präsentieren. Auf dem Hintergrund verschärfter globaler Konkurrenzen wird die Leitidee der sozialen Marktwirtschaft allmählich aufgeweicht und immer stärker durch Rückgriff auf die liberalen Ideen der Vorkriegszeit ersetzt. Dies betrifft auch die räumliche Umsetzung der sozialen Marktwirtschaft, die Leitidee der gleichwertigen Lebensbedingungen, und damit wird infrage gestellt, dass die Alpen selbstverständlich ein integraler Teil der nationalen Volkswirtschaften sind.

Die Argumente für diese fundamentale Wende sind folgende: Im Zeitalter der neuen Phase der Globalisierung ist der wirtschaftliche Wettbewerb so heftig, dass auch die größten Firmen in Europa steuerlich entlastet werden müssen, damit sie konkurrenzfähig bleiben und nicht an sehr viel kostengünstigere Standorte abwandern. Dadurch und durch den Zusammenbruch vieler anderer Firmen sinken die Steuereinnahmen drastisch, was die staatlichen Handlungsspielräume einengt. Zugleich ändern sich die Prioritäten der Förderpolitik: Vor 1989 kannten die großen Firmen und die großen Wirtschaftszentren keine wirtschaftlichen Probleme (außer in altindustrialisierten Gebieten wie dem Ruhrgebiet), sodass die staatlichen Förderungen in die ländlichen Räume und in die Peripherien gingen. Jetzt aber stehen auf einmal auch die größten Firmen im globalen Wettbewerb nicht mehr unangefochten da, so auch die größten Zentren, die Metropolregionen (ein neuer Begriff der 1990er-Jahre), und da an ihrem wirtschaftlichen Erfolg und an ihren Innovationen die gesamte Volkswirtschaft hängt, müssen sie jetzt vom Staat bevorzugt gefördert werden.

Zusätzlich muss in dieser angespannten Situation der Staat seine teuren Infrastrukturen, deren Funktionieren für Wirtschaft und Gesellschaft von zentraler Bedeutung ist (Krankenhäuser, Schulen, Universitäten, Bibliotheken, Forschungseinrichtungen, Theater usw.), sehr effizient gestalten: Je spezialisierter und je hochwertiger diese Infrastrukturen sind, desto teurer sind sie und desto besser müssen sie ausgelastet werden, damit sie bezahlbar bleiben. Die optimale Auslastung auch der hoch spezialisierten Infrastrukturen ist in Metropolen mit mehr als einer Million Einwohnern kein Problem, aber sie wird umso problematischer, je kleiner die Standorte werden und je dünner die Bevölkerungsdichte in ihrem Umland wird. Deshalb ist es eine logische Konsequenz, wenn der Staat seine Infrastrukturen an kleinen Standorten mit geringer Nachfrage schließt und nur noch Standorte mit einer guten Auslastung betreibt.

Für die Alpen hat diese Entwicklung dramatische Konsequenzen: Hier ist die Bevölkerungsdichte oft so niedrig und die Erreichbarkeit der Standorte mit staatlicher Infrastruktur oft so schlecht, dass selbst wenig spezialisierte Infrastrukturen nicht mehr optimal ausgelastet werden können. Dies war bereits früher so, hat aber im Rahmen der sozialen Marktwirtschaft kein Problem dargestellt. Wenn heute aber diese kleinen Standorte geschlossen werden, gibt es kein Krankenhaus und keine höhere Schule in akzeptabler Entfernung mehr. Dasselbe gilt eine Stufe tiefer auch für Grundschulen, Gemeindeverwaltungen und für private Dienstleistungen wie Post, Bank, Laden, Arztpraxis oder Apotheke. Ein modernes Leben ist heute ohne diese Dienstleistungen nicht mehr möglich, und wenn sie geschlossen werden, dann kann man in diesen Alpenregionen nicht mehr leben, selbst wenn man einen guten Arbeitsplatz hätte.

Noch schwieriger ist es mit dem Unterhalt der Straßen und der Sicherung der Siedlungen gegen Naturgefahren: Es gibt in den Alpen zahllose sehr lange Straßen zu kleinen Dörfern, die stets von Steinschlag und Lawinen bedroht sind und deshalb sehr hohe Unterhaltskosten mit zahlreichen teuren Lawinen- und Wildbachverbauungen erfordern. Wenn man die Unterhaltskosten für einen Kilometer Straße auf die Zahl der davon betroffenen Menschen bezöge, dann gäbe es so astronomisch hohe Beträge, dass dies sofort ein Argument wäre, den Straßenunterhalt für die meisten Seitentäler sofort einzustellen. Ähnliches gilt für die technischen Schutzbauten oberhalb der Siedlungen, ohne die viele Siedlungen im Gebirge heute nicht mehr sicher wären. Wenn diese Schutzbauten nicht mehr vom Staat bezahlt würden, dann könnte in großen Teile der Alpen niemand mehr leben.

Nimmt man zusätzlich den Klimawandel hinzu, wird die Situation noch zugespitzter: Alle Klimamodelle prognostizieren, dass klimatische Extremereignisse in Zukunft in den Alpen noch häufiger werden als heute. Das bedeutet, dass die technischen Verbauungen noch wichtiger als bisher werden und dass zugleich ihre Kosten weiter steigen werden, was die Situation noch zusätzlich verschärft.

Der Wandel von der sozialen Marktwirtschaft hin zu einer neoliberalen Wirtschaft führt also zu gravierenden Auswirkungen für alle ländlichen Räume und Peripherien in Europa und ganz besonders für die Alpen. Dieser Wandel beginnt sehr langsam ab dem Jahr 1990, verläuft über Jahre sehr zögerlich, weil sich die Betroffenen sehr heftig dagegen wehren, und erhält erst ab dem Beginn der 2000er-Jahre eine größere Dynamik. Allerdings verhalten sich die meisten Politiker dabei widersprüchlich: Persönlich sind sie zwar von den neoliberalen Gedanken und den daraus abgeleiteten Sachzwängen überzeugt, aber sie sagen das meist nicht öffentlich, weil es sie zu viele Wählerstimmen kosten würde.

Die Situation im Alpenraum ist dabei derzeit sehr unterschiedlich: Österreich ist heute derjenige Staat, der am wenigsten daran denkt, die dezentralen staatlichen Infrastrukturen infrage zu stellen, gefolgt von Italien, das in den letzten beiden Jahrzehnten sogar neue Universitäten und dezentrale Universitätsaußenstellen in den Alpen gegründet hat, das aber im Rahmen der aktuellen, durch die Wirtschaftskrise ausgelösten Sparmaßnahmen hier umzudenken beginnt. Das im Inneren eher zentralistisch geprägte Bayern nimmt in dieser Frage eine Mittelstellung ein. Frankreich war früher extrem zentralistisch geprägt, hat diese Position inzwischen aber zugunsten einer gewissen Dezentralisierung etwas abgeschwächt. An der Spitze des neoliberalen Denkens in den Alpen steht die Schweiz mit ihrer sehr langen liberalen Tradition; allerdings war dieses Denken in Bezug auf die Schweizer Alpen lange Zeit sehr deutlich eingeschränkt: Die hohen staatlichen Berggebietsförderungen sollten verhindern, dass die Wirtschaft in diesem Raum zusammenbricht, weil er als der Kernraum der helvetischen Identität gesehen wurde. Mit der Einführung der neoliberalen »neuen Regionalpolitik« 2008 wird diese Ausnahme zwar abgeschwächt, aber die Aufrechterhaltung der dezentralen Besiedlung bleibt nach wie vor die Leitlinie der Bundesverfassung. Allerdings ist es kein Zufall, dass aufgrund der langen liberalen Tradition die klarste neoliberale Perspektive zur Zukunft der Alpen in der Schweiz entwickelt wird.

Unter dem Titel *Die Schweiz. Ein städtebauliches Portrait* wird im Jahr 2005 vom ETH-Studio Basel eine Vision entwickelt, die die gesamte Schweiz als eine einzige große, vernetzte Stadtregion sieht, die sich im globalen Wettbewerb behaupten muss. Dazu können große Teile der Schweizer Alpen nicht nur nichts beitragen – hier findet keine relevante wirtschaftliche Wertschöpfung statt und hier werden keine relevanten Innovationen produziert –, sondern sie erfordern zusätzlich jährlich hohe staatliche Transferleistungen (Berglandwirtschaftsförderung, Schutzmaßnahmen gegen Naturgefahren, Unterhalt der Verkehrswege, dezentrale Infrastrukturen). In neoliberaler Sicht wird deshalb gefordert, diese staatlichen Transferleistungen einzustellen und das Geld stattdessen dazu zu verwenden, dass sich die schweizerischen Metropolen besser im globalen Wettbewerb behaupten können.

Da es für diese Alpengebiete keine wirtschaftliche Zukunft gibt, sollen sie sich entsiedeln, und diese Räume werden deshalb provokativ als »alpine Brache« bezeichnet. Die Gebiete der alpinen Brachen umfassen große Teile der Schweizer Alpen mit Ausnahme der verstädterten Tallagen (diese werden zu den »Städtenetzen« gezählt, die zur Wertschöpfung beitragen) und der Regionen mit einem intensiven Tourismus (»alpine Resorts«, die ebenfalls profitabel sind).

Überträgt man diese Vision auf die gesamten Alpen, dann sollten sich etwa drei Viertel der gesamten Alpenfläche entsiedeln, würden menschenleer werden und als Lebens- und Wirtschaftsraum keine Zukunft mehr haben, und übrig bleiben würden nur noch verstädterte Bänder in den tiefen Tälern, die über die Transitlinien miteinander verbunden wären, und eine Reihe von Tourismuszentren im eigentlichen Hochgebirge, die inselhaft in einer menschenleeren Alpenlandschaft liegen würden. Nur ein solcher Alpenraum wäre aus neoliberaler Sicht keine volkswirtschaftliche Belastung mehr, sondern könnte einen positiven Beitrag zur globalen Konkurrenzfähigkeit Europas leisten.

Wie ist diese Perspektive zu bewerten? Sie bedeutete einen radikalen Bruch mit der Vergangenheit der Alpen, indem *alle* traditionellen Lebens- und Wirtschaftsformen explizit als überholt und als nicht zukunftsfähig angesehen werden und deshalb eingestellt werden sollen. Nur noch die neuen, modernen Strukturen im Alpenraum (modernisierte Alpenstädte, verstädterte Regionen, Tourismuszentren) gelten als zukunftsfähig, sodass sich dadurch die Alpen vollständig verändern würden. Die davon betroffene Bevölkerung ist überall sehr entschieden und verbittert gegen solche Entwicklungen, aber in neoliberaler Perspektive würde sich dieses Problem in absehbarer Zeit sowieso von allein lösen, wenn die staatlichen Förderungen zurückgefahren werden und die letzten Bewohner sterben.

Nicht nur in Bezug auf Leben und Wirtschaften, auch in Bezug auf die Umwelt bedeutet diese Perspektive einen radikalen Bruch mit der Vergangenheit: Durch den Rückzug des Menschen würden die Alpenregionen sehr stark verbuschen und verwalden, Wildtiere würden sich noch stärker als bisher ausbreiten, und da gleichzeitig auch alle technischen Maßnahmen zum Schutz vor Naturgefahren eingestellt würden, würde die sprunghafte Naturdynamik überall in den Alpen wieder sehr stark zunehmen. Dadurch würden in kurzer Zeit die nicht mehr gepflegten Infrastrukturen zerstört werden, weshalb man solche verlassenen Alpentäler kaum noch oder nur unter erheblichen Gefahren betreten könnte.

Die stark zunehmende Naturdynamik dieser Alpenregionen würde die verstädterten Tallagen mittels

Hochwasser und Muren erheblich bedrohen. Viele Siedlungen liegen hier auf Schwemmkegeln, die Seitenbäche aus abgelegenen Gebieten dort aufschütten, wo sie ins breite Haupttal münden, sodass die abgelegenen Hochlagen der Alpen ökologisch sehr eng mit den tiefen Tallagen verflochten sind. Aber dieses Problem könnte man durch den Bau von großen Sperrwerken am unteren Ende jedes Seitenbaches, der in ein verstädtertes Haupttal mündet, lösen und dadurch die unkontrollierbare Naturdynamik aus den verstädterten Alpenräumen auszuschließen versuchen.

Bei dieser Entwicklung, die als Radikalisierung der »realistischen« Perspektive verstanden werden kann, werden die Alpen komplett nach den Maßstäben einer absolut gesetzten ökonomischen Effizienz umgebaut, bei denen der Mensch mit seinen Bedürfnissen nichts zählt. Dabei geht man selbstverständlich davon aus, dass man alle ökonomischen und ökologischen Dynamiken beherrscht und im Griff hat. Die jüngste Wirtschaftskrise hat aber deutlich gemacht, dass dies für ökonomische Prozesse gar nicht zutrifft, und die alpine Alltagserfahrung zeigt immer wieder neu, dass dies für die ökologischen Prozesse ebenfalls nicht möglich ist. Damit steht das normative Fundament dieser Perspektive auf sehr wackligen Beinen.

Da die Voraussetzungen dieser Perspektive nicht stimmen, dürften die Probleme, die durch sie unbeabsichtigt ausgelöst werden, schnell so groß werden, dass diese Zukunftsperspektive gar nicht umsetzbar sein dürfte. So kann eine positive Zukunft der Alpen nicht aussehen.

Die hedonistische Perspektive

Fun im Freizeitpark

Da in den Alpen statt Fabriken, Büros, Siedlungen und Straßen in erster Linie Natur und Umwelt dominieren, werden die Alpen gern als idealer Freizeitraum wahrgenommen. Damit dies aber auch wirklich klappt, braucht es einen ganz spezifischen Blick auf die Alpen: Die tiefen Tallagen müssen aus den Alpen ausgeschlossen werden, weil hier noch die normalen Wirtschafts- und Lebensformen herrschen und die Alpen nur als nicht alltägliche Welt zum Freizeitraum gemacht werden können. Deshalb beginnen sie in dieser Perspektive erst oberhalb von eintausend Höhenmetern. Diese Wahrnehmung hat eine lange Tradition und findet sich bereits bei den frühesten Alpenbesuchern, die dieses Gebirge um 1765 herum erstmals wegen seiner besonderen landschaftlichen Schönheit bereisen. Und zahllose Reiseberichte sorgen dann in den folgenden 250 Jahren dafür, dass diese Perspektive zur Selbstverständlichkeit wird, obwohl die Einheimischen, für die Berg und Tal immer ganz eng zusammengehören, dies überhaupt nicht so sehen.

Wenn man die Alpen als Freizeitraum wahrnimmt, dann spielen die wirtschaftlichen Aktivitäten vor Ort – mit Ausnahme des Tourismus natürlich – keine Rolle, weil sie zur Alltagswelt gehören, von der man in der Freizeit Abstand gewinnen will. Entweder übersieht man sie angesichts der großartigen Hochgebirgsnatur völlig, oder man sieht sie zwar, interpretiert sie aber – sofern sie das Urlaubserlebnis nicht stören – nicht als wirtschaftliche Tätigkeit, sondern als Selbstversorgung, als naturgemäßes Handeln oder als Folklore. Da es in Freizeit und Urlaub in erster Linie um positive Erlebnisse und Erfahrungen geht, kann man diese Perspektive als hedonistisch bezeichnen.

Um angemessen zu verstehen, wie die Zukunft der Alpen aus dieser Perspektive aussieht, muss man berücksichtigen, dass sich der Inhalt der Freizeit stark gewandelt hat: Zur Zeit der großen Alpenbegeisterung im 19. Jahrhundert werden die Alpen mit ihrer sauberen Luft, ihrem sauberen Wasser und ihrer nicht vom Menschen geprägten großartigen Natur als das ganz Andere, als Gegenwelt zur städtisch-industriellen Alltagswelt vorgestellt. Und mittels eines Alpenaufenthaltes kann man an dieser Gegenwelt teilhaben, um frisch gestärkt wieder in die Alltagswelt zurückzukehren. Die klassische Sicht der Alpen als *The Playground of Europe*, als »der Spielplatz Europas« – so der programmatische Titel des Buches von Leslie Stephen von 1871 – bringt dies sehr gut auf den Punkt.

Diese Alpenbegeisterung führt damals zu drei Formen von touristischen Aktivitäten: erstens die Bewunderung der schrecklich-schönen Berge von ausgewählten Punkten aus, wobei solche Punkte auf der Hotelterrasse liegen, in der Landschaft mittels eines kurzen Spaziergangs erreichbar sind oder auf einem mittels Bergbahn erschlossenen Aussichtsgipfel liegen; zweitens lange Bergwanderungen, die auf bäuerlichen Wegen oder auf von Alpenvereinen neu angelegten Alpenvereinswegen unternommen werden; und drittens Alpinismus, also Klettertouren auf Gipfel, die dann als »besiegt« oder »erobert« gelten.

Heute dagegen spielt die Bewunderung der schrecklich-schönen Berge keine besondere Rolle beim Alpenerlebnis mehr, weil sich der Schrecken durch die lange Gewöhnung abgeschliffen hat, sodass die Alpen nur noch als schön wahrgenommen werden, was jedoch schnell langweilig wird. Deshalb müssen jetzt die Aussichtspunkte mittels Technik – spektakuläre Aussichtsplattformen, Hängebrücken und Ähnliches – aufgewertet werden, um das Panoramaerlebnis attraktiver zu machen. Längere Bergwanderungen gelten heute ebenfalls als eher langweilig, und sie werden durch verschiedene Aktivsportarten ersetzt, die in der Regel gebaute Infrastrukturen wie einen Bike-Park benötigen, um optimal ausgeübt werden zu können. Und dem Alpinismus geht es heute nicht mehr um den Berg, also um den Gipfel oder die Wand, sondern um die Bewältigung technisch schwieriger Kletterpassagen, weshalb spezielle Klettergärten, aber auch Hochseilparks und Kletterhallen errichtet werden.

Das bedeutet, dass Natur und Landschaft der Alpen heute nicht mehr ausreichen – die Alpen als bloße Gegenwelt sind zu wenig –, sondern sie müssen gezielt für die heutigen Freizeitinteressen umgebaut und technisch aufgerüstet werden, damit sie weiterhin als »Spielplatz Europas« attraktiv bleiben. Und da sich die Besonderheiten der Alpen als Hochgebirge bei den Besuchern abgenutzt haben, werden zusätzlich zahlreiche ubiquitäre Freizeitangebote im Alpenraum eingerichtet und ausgebaut wie technische Fahrgeschäfte, die Jahrmarktattraktionen in vergrößerter Form nachempfunden sind, Wellnessanlagen, Freizeit- und Vergnügungsparks, Streichelzoos, Einkaufszentren sowie zahlreiche Events und Megaevents im Tal und auf den Berg. Und all diese Angebote müssen permanent verbessert und erweitert werden, damit ihre Attraktivität nicht nachlässt – aus den schrecklich-schönen Bergen wird ein Freizeitpark, und aus der Gegenwelt wird ein Teil des städtisch geprägten Alltags.

Während man im 19. Jahrhundert nur die An- und Abreise und die Übernachtungen kauft, bei den Freizeiterlebnissen jedoch selbst aktiv wird und sie selbst erlebt, kauft man heute fertige Komplettangebote mit Erlebnisgarantie, bei denen man nicht mehr selbst aktiv werden muss. Stattdessen überträgt man die Realisierung der Erlebnisse dem Anbieter, weil sich nur so ein wirklich optimales Erlebnis erreichen lässt – das eigene Erleben gilt gegenüber professionell entwickelten Erlebnisangeboten als minderwertig. Und auch diese gekauften Erlebnisse müssen permanent weiter verbessert und gesteigert werden, damit sie immer noch mehr und immer noch intensiver werden, was dann irgendwann einmal zum Erlebnis-Burn-out führen muss.

Daher sind die Alpen zwar immer noch wie vor 150 Jahren der »Spielplatz Europas«, aber die Art und Weise des Spiels hat sich inzwischen fundamental gewandelt, und zwar sowohl beim Angebot (Freizeitpark) wie auch beim Alpenbesucher oder besser Kunden (Kauf von Erlebnissen).

Die Zukunft der Alpen in hedonistischer Perspektive besteht also darin, die Alpen in diesem Sinne als Freizeitraum für die europäische Bevölkerung und für Teile der Weltbevölkerung möglichst optimal auszugestalten. Dazu müssten sie aber erheblich umgebaut werden.

Anreise/Erreichbarkeit: Die Alpen müssen für die gesamte europäische Bevölkerung noch sehr viel besser als bisher erreichbar werden: Im Umkreis von 500 Kilometern um den Alpenraum herum werden nach französischem Vorbild zwischen den großen Metropolen – von Barcelona über Paris, das Ruhrgebiet und Leipzig bis hin nach Rom – und den Alpen die Hochgeschwindigkeitseisenbahnlinien systematisch ausgebaut, und für die restliche Bevölkerung Europas und die der Welt werden die Flugverbindungen in die Alpen deutlich verbessert. Wichtig ist ebenfalls der Ausbau der Verbindungen von den schnellen Transitachsen zu den Tourismusstandorten im Gebirge selbst.

Tourismuszentren: Die großen Tourismuszentren sind – relativ gesehen – bereits bestens für diese Aufgabe vorbereitet. Hier besteht die größte Herausforderung in der Lösung der örtlichen Verkehrsprobleme durch völlig neue öffentliche Verkehrssysteme (rein technische Lösungen) sowie in der konsequenten Durchsetzung eines Destinationsmanagements (einheitliche Angebotsgestaltung *aller* Akteure). Die Sommer- und Winterangebote müssen permanent verbessert und weiterentwickelt werden, wobei das Winterangebot trotz der Klimaerwärmung weiterhin sehr bedeutend bleibt, weil der Wintergast sehr viel mehr Geld als der Sommergast pro Tag ausgibt und weil die Alpen beim Winterangebot eine nahezu konkurrenzlose Position in der Welt besitzen. Deshalb haben auch die sehr hohen Kosten für die künstliche Beschneiung in den nächsten zwanzig Jahren in betriebswirtschaftlicher Perspektive einen Sinn. Bei einer noch stärkeren Klimaerwärmung, wie sie aber erst für die Zeit nach den Jahren 2030 bis 2040 prognostiziert wird, wären innovative Techniken zu entwickeln (neue Formen der künstlichen Beschneiung bei Plusgraden, überdachte Skiabfahrten oder Skigebiete mit eigenem Mikroklima), um dem Wintertourismus in den Alpen langfristig eine Zukunft zu geben. Weiterhin ist es sinnvoll, viele große Tourismuszentren direkt mittels Bergbahnen und Liften miteinander zu verbinden, um eine global konkurrenzfähige Angebotsgröße zu erhalten.

Alpenregionen mit wenig Tourismus: Diese Regionen sind am wenigsten auf die neue Aufgabe vorbereitet und müssten am stärksten umgebaut werden. Früher war es eine beliebte und oft praktizierte Strategie, mittels Sportgroßveranstaltungen wie Olympische Winterspiele oder Skiweltmeisterschaften einen kleinen Tourismusort zu einem großen Wintersportzentrum auszubauen und dabei zugleich auch seine Erreichbarkeit spürbar zu verbessern. Heute ist das positive Image solcher Veranstaltungen – vor allem der Olympischen Spiele – weitgehend verschwunden, da es sich bei ihnen längst nicht mehr um fröhliche Wettbewerbe der Jugend der Welt handelt, sondern um rein kommerzielle Veranstaltungen, bei denen immer wieder Bestechungsvorwürfe laut werden. Deshalb dürfte diese Strategie des gezielten Tourismusausbaues in Zukunft keine Chance mehr haben. Gleichzeitig ist es aus betriebswirtschaftlichen Gründen nicht sehr sinnvoll, in einem bereits so stark erschlossenen Gebiet wie den Alpen weitere große Tourismuszentren völlig neu zu schaffen. Deshalb sollten sich diese Täler beziehungsweise Orte darauf konzentrieren, ein kleineres Angebot zu entwickeln, das komplementär zu dem der Zentren ist. Wenn ein Tourismuszentrum in der Nähe einer solchen Alpenregion liegt, dann wäre es die einfachste Lösung, eine Bergbahn- oder Liftverbindung dorthin zu bauen, um diejenigen Gäste anzuziehen, die neben der großen Infrastruktur einen ruhigeren Ort zu schätzen wissen. Wenn dies nicht der Fall ist, dann braucht ein solches Tal eine technische Mindestausstattung an Bergbahnen und Skigebieten, um überhaupt Gäste anziehen zu können; aber parallel dazu sollten auch andere Aktivitäten angeboten werden, die eher weniger Technik benötigen, wie Inszenierungen von Natur, Kultur, Mythen oder interaktive Museen und Themenparks zu Inhalten, die weltweit mit den Alpen assoziiert werden wie »Heidi«. Die größte Herausforderung ist jedoch ein einheitliches Destinationsmanagement, das wegen der vielen kleinen Akteure hier besonders schwer umzusetzen ist, weshalb dafür ein wirtschaftlicher und politischer Druck notwendig ist.

Alpenregionen ohne Tourismus: In solchen Regionen wird die Verwilderung der Landschaft gezielt gefördert, damit hier ein Abenteuer- und Wildnisurlaub angeboten werden kann. Dies betrifft den Rückbau von Straßen, die Einstellung der Land- und Forstwirtschaft sowie die peripher gelegenen Orte, die nur noch als Ruinendörfer touristisch attraktiv sind. An den Zugängen zu diesen Regionen werden einfache und urtümliche Basiscamps mit Hochseilgärten, Kletterwänden und anderen Trainingselementen errichtet, die als Basisinfrastruktur für einen Abenteuerurlaub dienen.

Tallagen der größeren Alpentäler: Da diese Gebiete touristisch nicht interessant sind, bleiben sie von der touristischen Nutzung ausgenommen.

Bei dieser Perspektive besteht die größte Herausforderung darin, alles der touristischen Perspektive unterzuordnen, weil nur so ein überzeugendes touristisches Gesamtkonzept entsteht. Das bedeutet, dass *alle* Menschen, die in diesen Alpenregionen leben, bei der touristischen Aufwertung aktiv mitmachen, dass alle nicht touristischen Wirtschaftsaktivitäten dem Tourismus untergeordnet werden (als touristische Attraktionen in musealer oder künstlerischer Form) und dass alle Bausünden der 1970er- und 1980er-Jahre beseitigt werden, damit die Orte wieder einen idyllischen Eindruck machen.

Die Konsequenzen für die Alpen wären sehr tief greifend: Die gesamten Alpen außerhalb der verstädterten

Tallagen würden mit einem sehr großen technischen Aufwand zu einem riesigen Heidi-Idyll umgebaut. Dies würde einen großen Bruch mit der Vergangenheit bedeuten (nicht in den Tourismuszentren, die diesen Bruch bereits hinter sich haben) und wäre mit sehr hohen Fremdinvestitionen verbunden, durch die diese Alpenregionen direkt von außeralpinen Investoren abhängig würden.

Dies stellt keine positive Zukunft für die Alpen dar: Sie wären monofunktional den Freizeitinteressen der europäischen Zentren unterworfen, hätten keine Eigenständigkeit mehr und würden eine riesige Scheinwelt, ein städtisches Zerrbild leben müssen. Zugleich würden die permanenten touristischen Investitionen und die permanenten Steigerungen aller Attraktionen zahllose Umweltprobleme schaffen, und es würde sich schnell die Grundsatzfrage stellen: Muss die unendliche Steigerung des Tourismus in einem begrenzten Raum wie den Alpen mit ihrer sprunghaften Naturdynamik nicht zur wirtschaftlichen, kulturellen und ökologischen Selbstzerstörung führen?

Die Unterlieger-Perspektive

Wasserschloss und Energiequelle

Diese Perspektive unterscheidet sich signifikant von der hedonistischen, weil jetzt die (Über-)Lebensinteressen großer Teile der europäischer Bevölkerung und nicht ihre Freizeitinteressen im Zentrum stehen.

An den großen Flüssen, die in den Alpen entspringen – Rhone, Rhein, Donau, Po –, lebt ein relevanter Teil der Bevölkerung Europas, und diese Menschen sind vom Wasser der Alpen direkt abhängig. Eng mit dem Wasser ist die Energiefrage verbunden, die für die Zukunft Europas angesichts geringer Erdöl- und Erdgasvorräte und der aktuellen Energiekrise ebenfalls eine zentrale Bedeutung besitzt.

Die Bedeutung der Alpen als Wasserschloss Europas beruht auf zwei naturräumlichen Eigenschaften: Der hoch aufragende Gebirgskörper der Alpen zwingt die feuchten Winde, die vom Atlantik oder Mittelmeer her kommen, zum Aufsteigen und Abregnen, sodass die Alpen viele Niederschläge erhalten. Dieser Niederschlag wird durch die zahlreichen Seen der Alpen kurzfristig gespeichert, er fällt im Winterhalbjahr in der Regel als Schnee und wird bis zur Schneeschmelze, also mittelfristig gespeichert, und er wird im Bereich der Gletscher in Eis umgewandelt, das erst nach einigen Jahren schmilzt, also langfristig gespeichert wird. Dadurch fließt im Winter am wenigsten Wasser aus den Alpen ab, und in den übrigen Jahreszeiten besitzen die Alpenflüsse einen relativ gleichmäßigen Wasserabfluss, da die Schneeschmelze in tieferen und höheren Lagen und die Gletscherschmelze zu unterschiedlichen Zeiten ablaufen.

Diese für Europa sehr vorteilhafte Situation hat sich durch den Klimawandel bereits verändert und wird sich in Zukunft noch viel stärker verändern: Alle Klimaprognosen gehen davon aus, dass es in Europa im Sommer deutlich wärmer und vor allem sehr viel trockener werden wird, während die Winter etwas wärmer und etwas feuchter werden. Deshalb wird die Sommertrockenheit in Europa von besonders niedrigen Abflussmengen der Alpenflüsse begleitet, was den Wassermangel zusätzlich verschärft.

Der Hitzesommer 2003 hat sehr anschaulich gezeigt, welche Probleme damit verbunden sind, wobei diese auf der Südseite der Alpen bereits heute viel stärker auftreten als auf der Nordseite.

Das *Trinkwasser* vieler Großstädte in der Nähe der Alpen und entlang der großen Alpenflüsse wird oft aus den großen Schotterkörpern gewonnen, die in den Eiszeiten gebildet wurden. Wenn weniger Wasser in den Alpenflüssen fließt, dann sinkt auch der Grundwasserspiegel in diesen Schotterkörpern, sodass es in Zusammenhang mit der verstärkten Nachfrage zu Engpässen bei der Trinkwasserversorgung kommt.

Brauchwasser: Gleiches gilt für Wasser zu Sanitär- und Hygienezwecken, zur Reinigung, zur Bewässerung von Gärten, Parks und so weiter.

Bewässerung: Die moderne Landwirtschaft benötigt heute sehr viel Wasser zur künstlichen Bewässerung. Während die traditionelle Landwirtschaft vor allem auf der Alpensüdseite auf die Sommertrockenheit im Mittelmeerraum eingestellt war, ist die moderne Landwirtschaft vollständig von der Bewässerung abhängig, sodass bei Wassermangel schnell totale Ertragsausfälle drohen.

Industriewasser: Zahlreiche Gewerbe- und Industriebetriebe haben einen großen Wasserbedarf und müssen ihre Produktion einstellen, wenn nicht genügend Wasser vorhanden ist.

Schifffahrt: Die großen Alpenflüsse sind fast alle wichtige Wasserstraßen. Bei niedrigem Wasserstand muss der Schiffsverkehr eingestellt werden, was Transporte erschwert und verteuert.

Laufkraftwerke: An vielen Alpenflüssen gibt es ganze Ketten von Flusskraftwerken (Stromgewinnung durch fließendes Wasser), die bei niedrigem Wasserstand ihre Stromproduktion einstellen. Dies kann zu großen Energieengpässen führen wie im Hitzesommer 2003 in Norditalien, wo die Laufkraftwerke am Po und an den Po-Zuflüssen fast vollständig ausfielen und der Energiebedarf wegen der auf Hochtouren laufenden Klimaanlagen Spitzenwerte erreichte.

Umweltprobleme: Viele verschmutzte Abwässer aus Kläranlagen und Betrieben stellen kein Problem dar, solange sie in Flüsse mit genügender Wasserführung eingeleitet werden. Diese Möglichkeit entfällt bei geringen Wasserständen, wodurch schnell erhebliche Probleme entstehen.

Ein ausgeprägter sommerlicher Wassermangel kann also relativ schnell das gesamte Leben und Wirtschaften in Europa infrage stellen. Deshalb ist es vorstellbar, dass Europa dagegen Vorkehrungen trifft.

Hauptziel wäre es, die Speicherfähigkeit der Alpen mit technischen Maßnahmen gezielt so zu erhöhen, dass ein relevanter Teil der winterlichen Niederschläge, die inzwischen wegen der Klimaerwärmung als Regen fallen und gleich abfließen, bis zum Hochsommer zurückgehalten werden kann. Derzeit können etwa 5 Prozent des jährlichen Wasserabflusses aus den Alpen in den gut 300 künstlichen Stauseen zurückgehalten werden, und diese Menge müsste etwa verfünffacht werden, damit die Alpen ihre Rolle als Wasserschloss für Europa auch in Zukunft spielen können. Der größte Stausee der Alpen, der Stausee von Serre-Ponçon in den französischen Südalpen mit 1,2 Millionen Kubikmeter Stauraum, dient heute bereits der Wasserversorgung des Großraums Marseille.

Wenn man neue große Stauseen im Talraum der großen und mittelgroßen Alpenflüsse errichtete, dann wäre der notwendige Stauraum relativ einfach zu gewinnen. Dies ginge zwar zulasten der lokalen Landwirtschaft, und es müssten auch zahlreiche Siedlungen und Verkehrslinien verlegt werden, aber angesichts der Situation, dass die Alpen nur einen peripheren Wirtschaftsraum darstellen und dass das Wasser für die europäischen Zentren von zentraler Bedeutung ist, wären diese Maßnahmen alternativlos.

Damit würden die Alpen tief greifend verändert: Die großen Stauseen der Alpen und ihre optimale wasserwirtschaftliche Nutzung hätten Priorität vor allen anderen Nutzungen. Eine solche Perspektive ist jedoch nicht neu: Das nationalsozialistische Deutschland, das die deutschen Bergbauern aus den Alpen aus- und in den russischen Steppen neu ansiedeln wollte, begann im Zweiten Weltkrieg bereits, die Alpen auf diese Weise umzubauen (Bau der Tauernkraftwerke Kaprun und einer sehr großen Staumauer im vorderen Ötztal). Deshalb liegt ein solcher Umbau der Alpen nahe, wenn man technokratische Lösungen für Umweltprobleme sucht und die Position der direkt Betroffenen keinen Stellenwert besitzt.

Zugleich würden solche neuen großen Stauseen natürlich auch der Erzeugung von Wasserkraftenergie dienen. Daher wäre es konsequent und effizient, wenn die Nutzung der Alpen als Wasserschloss mit ihrer Nutzung als Energiequelle direkt verbunden würde, zumal im Rahmen der aktuellen Energiewende der Ausbau der regenerativen Energiequellen eine hohe Priorität besitzt. Dies betrifft die folgenden Bereiche:

Wasserkraft: Dank ihres Reliefs und ihrer hohen Niederschläge stellen die Alpen die bevorzugteste Region für Wasserkraftnutzung im zentralen Teil von Europa dar, weshalb sie entsprechend ausgebaut werden sollten. Da durch den Ausbau der regenerativen Energiequellen die produzierte Wind- und Solarenergie häufig dann anfällt, wenn sie gerade nicht gebraucht wird, müssen die Alpen zum zentralen Energiespeicher Europas ausgebaut werden: Die neuen großen Stauseen in den Alpentälern müssten auf beiden Seiten durch Pumpspeicherkraftwerke mit Stauseen in 2000 bis 2500 Meter Höhe flankiert werden, sodass der jeweils überflüssige Strom zum Hinaufpumpen des Wassers verwendet und bei Bedarf wieder in Strom zurückverwandelt werden kann.

Solarenergie: Die inneralpinen Trockenzonen und der mediterran geprägte Südsaum der Alpen sind Räume mit einer sehr langen jährlichen Sonnenscheindauer, und zusätzlich bieten die südexponierten Hänge mit ihrem steilen Relief eine optimale Sonnenexposition (senkrechter Einfall der Sonnenstrahlen), sodass sich diese Teile der Alpen sehr gut für eine Solarenergienutzung eignen. Dies ist in zwei Formen möglich, entweder mittels Solarzellen (Fotovoltaik) oder mittels Solarwärmekraftwerken, bei denen die einfallende Sonnenenergie von zahlreichen Reflektoren auf einen Punkt konzentriert wird. Beide Verfahren brauchen sehr viel Platz, um große Mengen Strom zu produzieren, aber dieser ist ja gerade in den sonnenreichen Hochlagen ausreichend vorhanden. Hier können viele südexponierte Berghänge vollständig dieser Nutzung gewidmet werden.

Windenergie: Die Alpen sind eine besonders windreiche Region in Europa. Allerdings besteht die zentrale

Blockade für die Nutzung der Windenergie derzeit noch darin, dass die Windströmungen über den Alpen sehr turbulent sind, was den heute gebräuchlichen Windkraftanlagen erhebliche Probleme macht. Deshalb sollte in den Alpen ein Forschungszentrum für die Nutzung von turbulenten Windströmungen eingerichtet werden, und es ist zu erwarten, dass dann eine Möglichkeit gefunden wird, auch diese Energiequelle intensiv in Großstrukturen zu nutzen.

So wäre es möglich, die heute wertvollsten Ressourcen der Alpen – Wasser und Energie – intensiv zu nutzen und sie den europäischen Zentren zur Verfügung zu stellen, was mit einem vollständigen Umbau der Alpen verbunden wäre. Diese Nutzung würde zwar alle anderen Nutzungen der Alpen ausschließen oder zumindest stark beeinträchtigen, aber angesichts der großen Bedeutung der europäischen Zentren und der geringen wirtschaftlichen Bedeutung der Alpen wäre diese Gewichtung aus gesamteuropäischer Perspektive vertretbar.

Wie ist diese Perspektive zu bewerten? Die Alpen würden auf eine monofunktionale Weise den Wasser- und Energieinteressen der europäischen Zentren unterworfen und dadurch vollständig fremdbestimmt. Außerdem sind die ökologischen Konsequenzen solch tiefgreifender Veränderungen unbekannt (Auswirkungen der neuen großen Seen auf Lokal- und Regionalklima, hydrologische Veränderungen, Instabilwerden von ganzen Berghängen), sodass es nicht ausgeschlossen wäre, dass diese Entwicklung in einem Desaster endete.

Die radikal naturschützerische Perspektive

Alles Wildnis

Dass es für die Alpen seit langem auch Zukunftsperspektiven aus naturschützerischer Sicht gibt, hängt damit zusammen, dass die Alpen in der europäischen Naturwahrnehmung stets eine herausragende Rolle gespielt haben – zuerst als bedrohliche und schreckliche, dann als schrecklich-schöne Berge. Deshalb sind Alpen und Naturschutz von Anfang an eng miteinander verbunden. Auch hier gibt es – ähnlich wie im Bereich der Freizeit – große inhaltliche Veränderungen seit dem 19. Jahrhundert, die man kennen muss, um die heutigen Zukunftsperspektiven angemessen bewerten zu können.

Naturschutz ist ein Phänomen, das erstmals in der Industriegesellschaft entsteht und das vorher unbekannt war: Für Bauerngesellschaften ist die Natur ihre Lebensgrundlage, und der Gedanke, Natur nicht zu nutzen, erscheint ihnen so absurd wie nicht zu essen oder nicht zu atmen. Naturschutz bedeutet daher für Bauern Schutz der Siedlungen, Äcker, Wiesen und Weiden vor den Naturgewalten (Schutz des Menschen vor der Natur). Erst die Industriegesellschaft, die davon ausgeht, dass sie die Natur mittels Naturwissenschaften und Technik vollständig im Griff habe, schafft die Voraussetzungen für einen Naturschutz im heutigen Sinne: Indem die Naturnutzungen in den Gunstgebieten so stark intensiviert werden, dass man die Ungunstgebiete gar nicht mehr braucht, entsteht der Freiraum, Flächen gar nicht mehr zu nutzen und sie unter Naturschutz (Schutz der Natur vor dem Menschen) zu stellen.

Der Naturschutz, der sich als Gegenbewegung zur hemmungslosen Naturzerstörung in den Industriegebieten und Industriestädten versteht, entwickelt sich in Europa ab 1880 und richtet kurz vor dem Ersten Weltkrieg die ersten Naturschutzgebiete auf der Grundlage gekaufter Flächen ein; dies ist damals die einzige Möglichkeit, ein Schutzgebiet einzurichten.

Die Alpen sind bei dieser Entwicklung ganz vorn dabei: 1913 werden vier Almen im Stubach- und Felbertal in den Hohen Tauern von einem »Verein Naturschutzpark« gekauft und als Schutzgebiet ausgewiesen (das ist das Kerngebiet des späteren Nationalparks Hohe Tauern in Österreich), und 1914 wird im schweizerischen Engadin/Münstertal der erste Nationalpark der Alpen, der zugleich einer der ersten in ganz Europa ist, gegründet.

Die damaligen Naturschützer kommen aus den großen Städten Europas und wollen die Alpen vor der Zerstörung durch den schnell wachsenden Tourismus schützen. Dabei sind für sie die Alpen, so wie sie sie erleben, insgesamt schützenswert, denn sie nehmen sie als großartige Natur, als vom Menschen nur ganz randlich veränderte Naturlandschaft wahr. Dabei übersehen sie, dass die Alpen eigentlich tief greifend vom Menschen veränderte Kulturlandschaften sind und dass die schützenswerte Pflanzenvielfalt und die vielfältigen Landschaften eng mit den bäuerlichen Nutzungen verflochten sind. Stellt man eine solche Landschaft unter Naturschutz, verbietet also die traditionellen Nutzungen, dann verschwinden die schützenswerten Pflanzen schnell in den aufkommenden Büschen, und die Kleinräumigkeit der Landschaft geht durch Verbuschung und Verwaldung stark zurück – der Naturschutz läuft ins Leere, weil das schutzwürdige Objekt gar nicht die Natur, sondern eine menschlich veränderte Natur ist.

Es dauert lange, bis der Naturschutz daraus die Konsequenzen zieht: Erst in den 1980er-Jahren erkennt man, dass Naturschutz und traditionelle Nutzung letztlich die gleichen Ziele verfolgen, nämlich die Verhinderung von modernen Intensivnutzungen in Großstrukturen, die die kleinbetrieblichen Landwirtschaften genauso zerstören wie die kleinräumigen, artenreichen Kulturlandschaften. Die Wende erfolgt im Alpenraum im Oktober 1987: Mit ihrer programmatischen Deklaration »Für eine große Koalition zwischen Berglandwirtschaft und Natur- und Heimatschutz« wendet sich die Internationale Alpenschutzkommission CIPRA, die alpenweite Dachorganisation von über 100 Natur- und Umweltgruppen, vom klassischen Naturschutz (Schutz der Natur vor dem Menschen) ab und engagiert sich seitdem für ein umweltverträgliches Wirtschaften, um ihre Naturschutzziele zu erreichen (Schutz der Natur mit dem Menschen).

Wenig später kommt für diese Strategie der Begriff der Nachhaltigkeit auf, der sich schnell durchsetzt.

Die CIPRA-Deklaration ist der Startschuss für eine neue Phase im alpinen Naturschutz, und in den 1990er-Jahren beginnen alle Naturschutzgruppen im Alpenraum, ihre »Alpenschutzprogramme« in »Programme zum Schutz und zur nachhaltigen Entwicklung der Alpen« umzuschreiben. Damit werden nicht nur Begriffe verändert, sondern auch zentrale Inhalte: Der Naturschutz verlässt mit der Zusammenarbeit mit umweltverträglich oder nachhaltig handelnden Wirtschaftsakteuren erstmals das Ghetto der kleinen Naturschutzgebiete und erhebt den grundsätzlichen Anspruch, dass das *gesamte* Handeln und Wirtschaften in den Alpen und auf der Erde umweltverträglich ausgestaltet werden muss, wenn der Mensch nicht seine eigenen Naturgrundlagen zerstören will.

Mit dieser Konzeption wird der Naturschutz gesellschaftlich stark aufgewertet. Aber es entsteht gleichzeitig auch ein gewisses Unbehagen bei einer Reihe von Naturschützern, weil die enge Zusammenarbeit mit der Wirtschaft und mit vielen gesellschaftlichen Gruppen jetzt in den Vordergrund der Naturschutzarbeit rückt und weil bestimmte Natur*zustände* wie zum Beispiel eine artenreiche Magerwiese oder ein Hochwald vom Menschen als schützenswert festgelegt werden, während die Natur selbst sich permanent verändert.

Darüber wird zum ersten Mal im Alpenraum im September 1995 auf der CIPRA-Konferenz »Tun und Unterlassen« grundsätzlich öffentlich diskutiert: »Tun« bezieht sich auf alle Handlungen des Naturschutzes und seiner Kooperationspartner, die Naturschutzziele mittels umweltverträglichen Wirtschaftens aktiv umzusetzen. »Unterlassen« bedeutet dagegen ein Bekenntnis zu mehr freier Naturentwicklung und zum Mut, Natur Natur sein zu lassen, ohne dabei als Mensch einzugreifen.

Damit kündigt sich ein völlig neues Verständnis von Naturschutz an. Sein Kernpunkt besteht darin, dass der Mensch die Natur sich frei entwickeln lässt. Das führt zu einem völlig neuen Typ von Schutzgebieten, nämlich zu Wildnisgebieten, in denen die Natur sich selbst überlassen bleibt. Dies ist zwar bereits bei den Nationalparks vorgesehen, aber im Normalfall ist die Kernzone (vom Menschen nicht gestörte Naturentwicklung) von einer Außen- oder Pufferzone umgeben, in der umweltverträglich gewirtschaftet wird; dabei soll die Dynamik der Kernzone die Außenzone möglichst nicht beeinträchtigen.

Da es wegen der flächenhaften traditionellen Nutzungen kaum echte Wildnisgebiete in den Alpen gibt, sprechen die Vertreter dieser Naturschutzkonzeption bereits von Wildnis, wenn Kulturlandschaften allmählich verwildern. Daher wird das Wort Wildnis heute in der Regel doppeldeutig gebraucht.

Wenn sich Naturschützer heute positiv für Wildnis in den Alpen aussprechen, dann nehmen sie dabei in Kauf, dass diese Gebiete für den Tourismus kaum nutzbar sind (sie sind wegen fehlender Wege undurchdringlich und wegen eines erhöhten Gefahrenpotenzials und der Ausbreitung von Raubtieren auch gefährlich), dass die Artenvielfalt und die landschaftliche Vielfalt stark zurückgeht (beides war ja eng mit der traditionellen kleinräumigen Nutzung verbunden) und dass auch die sprunghafte Naturdynamik dabei wieder zunimmt. Aber der grundsätzliche Wert, Natur Natur sein zu lassen, steht bei ihnen über allen anderen Naturwerten und über allen menschlichen Interessen und Bedürfnissen.

Diese Position hat seit 1995 an Popularität zugenommen und versteht sich heute teilweise als radikale Alternative zum nachhaltigen Naturschutz.

Wie sieht die Situation des Naturschutzes in den Alpen heute aus? Das größte echte Wildnisgebiet der Alpen ist das 3500 Hektar große Wildnisgebiet Dürrenstein (Ötscherregion, Niederösterreich), ein wegen seiner Abgelegenheit nie richtig genutztes Waldgebiet; beim 550 Hektar großen Bödmerenwald im Bisistal (Innerschweiz), der oft als größter Fichtenurwald der Alpen bezeichnet wird, ist der Urwaldcharakter jedoch umstritten. Das größte geschützte Wildnisgebiet im Sinne einer verwildernden Kulturlandschaft ist der 146 Quadratkilometer große Nationalpark Val Grande zwischen Domodossola und Lago Maggiore in Nordpiemont.

Im Jahr 2016 gibt es mehr als 1100 großflächige Schutzgebiete in den Alpen, die zusammen mehr als 28 Prozent der gesamten Alpenfläche abdecken. Allerdings sind die streng geschützten Gebiete relativ klein, und die meisten Flächen sind Schutzgebiete, in denen Naturschutz und nachhaltige Regionalentwicklung gleichberechtigt sind.

Die großen und die meisten kleineren Naturschutzorganisationen der Alpen sprechen sich heute meistens sehr klar dafür aus, dass bei ihrer Arbeit die umweltverträgliche Ausgestaltung des Wirtschaftens im gesamten Alpenraum erste Priorität besitzt. Deshalb unterstützen sie aktiv die Alpenkonvention, deren Ziel die nachhaltige Entwicklung der Alpen ist und deren Festlegungen sich deshalb auf die gesamte Alpenfläche und nicht bloß auf die Schutzgebiete beziehen. An zweiter Stelle steht oft das Ziel der Realisierung von sogenannten ökologischen Korridoren, mit denen die einzelnen Schutzgebiete, die auf eine sehr zufällige und unsystematische Weise in den Alpen verteilt sind, untereinander verbunden werden sollen. Weitere wichtige Zielsetzungen sind Maßnahmen zum Erhalt der Biodiversität und die Einrichtung von neuen Schutzgebieten vor allem in tiefen Lagen, wo sie heute noch sehr selten sind. Die Forderung nach neuen Wildnisgebieten spielt dabei eine gewisse, aber keine zentrale Rolle, weil der mögliche Anstieg der Naturgefahren unterhalb eines Wildnisgebietes ein Problem darstellt und weil die lokale Bevölkerung in der Regel erbittert dagegen ist. Nur wenn beide Probleme positiv gelöst werden können, sind neue Wildnisgebiete vorstellbar.

Im Gegensatz zu dieser Mehrheitsposition steht eine radikale Minderheitsposition, die von wenigen kleineren Naturschutzorganisationen und von engagierten Naturschutzexperten vertreten wird. Sie fordern, dass sich der Mensch angesichts seiner überbordenden Nutzung der gesamten Erde jetzt aus Teilen der Natur bewusst wieder zurückziehen und die Natur hier sich selbst überlassen solle. In Europa seien die Alpen dafür ein sehr geeigneter Raum, weil sie bereits sehr dünn besiedelt seien, weil die Natur der Alpen so besonders eindrücklich sei und weil dies ein sehr deutliches Signal gegen die Missachtung der Umwelt in Europa und auf der gesamte Erde sei.

In stark vereinfachter Form wird diese Perspektive von sehr vielen Menschen in Europa geteilt, wenn sie erfahren, dass größere Teile der Alpen durch den Rückzug des Menschen verwildern: Angesichts der stark künstlich geprägten Metropolen und des naturfernen Alltagslebens erscheint die Verwilderung der Alpen spontan als etwas sehr Positives, als ein Zeichen der Hoffnung gegenüber der Dominanz der Technik in allen Lebensbereichen und als etwas, was unbedingt unterstützt und gefördert werden sollte.

Es ist daher nicht unvorstellbar, dass kleinere Naturschutzgruppen, deren Wildnisziele einen breiten Rückhalt in der (alpenfernen) Bevölkerung Europas besitzen, es mit Unterstützung von Massenmedien und politischen Parteien erreichen könnten, dass in den Alpen aus einer naturschützerischen Begründung heraus eine Wildnisentwicklung aktiv gefördert würde, von der nur die verstädterten Tallagen und die Tourismuszentren ausgenommen wären.

Wenn dabei über eine konkrete Umsetzung nachgedacht wird – was derzeit nicht oft passiert –, dann wird die Einstellung der Land- und Alpwirtschaftsförderungen, der staatlichen Infrastrukturen an peripheren Orten und der Wildbach-/Lawinenverbauungen und des Straßenunterhalts gefordert.

Wie ist diese Perspektive zu bewerten? Die Wildnisstrategie unterliegt dem gleichen Widerspruch wie der klassische Naturschutz: Je mehr Flächen der Mensch durch den Rückzug seiner Nutzung der Natur überlässt, desto intensiver muss er die verbleibenden Flächen nutzen und zerstören. Dahinter verbirgt sich ein noch grundlegenderes Dilemma: Aus Sicht des Naturschutzes wäre es am konsequentesten, wenn der Mensch gar keinen Urlaub mehr in den Alpen und in der Natur machen und stattdessen zu Hause bleiben würde – aber das steht ja quer zur menschlichen Natur. Und da bereits das alltägliche Leben und Wirtschaften *immer* Natur zerstört, wäre eigentlich die letzte Konsequenz des wirklich radikalen Naturschutzes der kollektive Selbstmord des Menschen – nur so könnte Natur wirklich immer und überall vor dem Menschen geschützt werden und sich eigenständig entwickeln.

Da diese radikale Naturschutzposition wegen ihrer Selbstwidersprüchlichkeit nicht lebbar ist, kann sie für die Alpen keine positive Zukunftsperspektive bieten.

Die Gemeinsamkeit aller fünf Perspektiven

Diese fünf Perspektiven sind diejenigen Positionen, die heute in der öffentlichen Diskussion über die Zukunft der Alpen mehr oder weniger häufig zu hören sind, und andere Positionen spielen praktisch keine Rolle. Dabei fällt auf, dass die Bandbreite der diskutierten Möglichkeiten ziemlich eingeschränkt ist: Die verstädterten Tallagen sollen entweder gar nicht oder nur randlich (durch große Stauseen) verändert werden, und für den eigentlichen Gebirgsraum gibt es lediglich die drei Perspektiven Tourismus, Wasser/Energie und Wildnis. Dies ist angesichts der großen Vielfalt der Alpen eigentlich wenig.

Sieht man sich diese fünf Perspektiven näher an, so stellt man schnell fest, dass sie alle die Alpen als Peripherie voraussetzen: Wirtschafts-, Kultur-, Innovations- oder Forschungszentren ersten Ranges sind in den Alpen nicht vorstellbar, weil diese sich aufgrund ihrer naturräumlichen Eigenschaften gegen modernes Wirtschaften und Leben sperren, das aufgrund der extremen Arbeits- und Funktionsteilungen auf eine sehr schnelle Erreichbarkeit via Schiene, Straße, Internet und auf sehr hohe Einwohner-/Arbeitsplatzdichten angewiesen ist. Deshalb bleiben den Alpen in der heutigen Situation nur sekundäre Funktionen übrig, bei denen entweder einige Funktionen aus den großen Zentren ausgelagert werden, für die dort zu wenig Platz ist (Freizeit, Wasser/Energie, Naturschutz) oder einige Zentrenaktivitäten dezentralisiert werden (verstädterte Tallagen der Alpen mit den Alpenstädten).

Auch wenn die fünf vorgestellten Perspektiven völlig unterschiedliche Normen, Werte, Inhalte und Ziele vertreten und sich oft wechselseitig widersprechen und ausschließen, so lassen sie sich doch verblüffend gut miteinander kombinieren: Man bräuchte nur den Gebirgsraum der Alpen in Teilräume mit unterschiedlichen naturräumlichen Eignungen (besondere Eignung für Tourismus, für Wasser/Energie, für Wildnis) zu unterteilen und diese Nutzungen dann entsprechend räumlich aufzuteilen (pro Alpental eine spezifische Nutzung), und schon wären fast alle Widersprüche zwischen den einzelnen Interessen verschwunden und die Alpen könnten als Gesamtraum dank ihrer Größe und Vielfalt alle diese Ansprüche *nebeneinander* erfüllen.

Die Aufgabe der Alpen wäre es dann, als Ergänzungsraum zu den großen europäischen Wirtschaftszentren zu fungieren und diejenigen Funktionen auszuüben, für die die Zentren nicht gut geeignet sind, für die sich aber die Alpen besonders gut eignen. Damit wären die Alpen zwar auf direkte Weise von den Interessen und Bedürfnissen der europäischen Zentren abhängig, aber dafür hätten sie eine solide Wirtschaftsbasis und wären ein integraler Teil eines arbeits- und funktionsteiligen Europas.

Einige Metropolen in der Nähe des Alpenrandes vertreten heute die Position, dass die Alpen ihre so wichtige Funktion als Ergänzungsraum nicht gut erfüllten, weil sie auf ihre politische, wirtschaftliche und kulturelle Eigenständigkeit ein zu großes Gewicht legten, was in gesamteuropäischer Perspektive eine Ressourcenverschwendung bedeute. Der Stellenwert dieser Position, die heute aus der Sicht der Metropolen plausibel und logisch erscheint, dürfte sich in Zukunft weiter verstärken. Und es besteht eine gewisse Gefahr, dass die neue makroregionale Alpenraumstrategie der Europäischen Union, die EUSALP, genau diese Entwicklung mit vorantreibt.

Über die Funktion der Alpen als Ergänzungsraum hinaus gibt es weitere Gemeinsamkeiten bei den fünf scheinbar so unterschiedlichen Positionen: Jede Nutzung wird kurzfristig konzipiert (Abschreibungszeiträume, in denen das investierte Kapital sich amortisieren muss), und sie ist nur sinnvoll durchzuführen, wenn sie als räumliche Monofunktion ausgeübt wird (eine Fläche = eine Nutzung). Nur auf diese Weise kann das gesamte Potenzial optimal ausgenutzt und die Nutzung mittels spezifischer Strukturen optimiert werden, ohne dass andere Nutzungen stören. Und dies ist auch notwendig, um im globalen Wettbewerb auf Dauer konkurrenzfähig bleiben zu können.

Die sprunghafte Naturdynamik im Alpenraum wird bei diesen optimierten Nutzungsformen durch technische Bauten zurückgedrängt, und man geht davon aus, dass man die Alpennatur mittels modernster Technik (bis hin zur Fern- und Satellitenüberwachung entfernter Hänge) im Griff hat und mehr oder weniger vollständig kontrollieren kann.

Zur Funktion des Ergänzungsraumes gehört es auch, im Bereich der Kultur eine ländlich-idyllische Gegenwelt zu den anonymen, multikulturell geprägten Metropolen zu inszenieren, und zwar nicht allein in den Tourismusorten, sondern im gesamten Bereich des alpinen Lebens und Wirtschaftens.

Die Zukunft der Alpen, die aus den fünf Zeitgeist-Perspektiven entsteht, ist furchtbar: Die Alpen sind als Ergänzungsraum von Europa fremdbestimmt, die Menschen in den Alpen leben eine fingierte Idylle, die optimierten monofunktionalen Nutzungen versuchen die ökologischen Probleme lediglich durch massiven Einsatz von Technik zu lösen, und niemand fühlt sich mehr für die ökologische Stabilität der menschlich so stark genutzten Alpennatur verantwortlich. Diese Zukunft ist weder lebensfähig (ökologische Stabilität als Grundlage des Lebens und Wirtschaftens in den Alpen) noch lebenswert (sinnvolles Leben in Eigenverantwortung und in Verantwortung für den eigenen Lebensraum).

Das große Drama unserer heutigen Situation besteht darin, dass sich alle Zukunftsvorstellungen nur in diesem Rahmen abspielen und dass echte Alternativen dazu gar nicht mehr vorstellbar sind.

III.
Eine unzeitgemäße Perspektive: **Die Alpen als dezentraler Lebens- und Wirtschaftsraum**

Warum eine unzeitgemäße Perspektive?

Die Zukunftsperspektiven, die die Alpen haben, wenn man vom heutigen Zeitgeist und den mit ihm verbundenen Sachzwängen ausgeht, sind furchtbar und führen zum Verschwinden eines Lebens- und Wirtschaftsraumes, der zuvor viele Jahrtausende durchgehend besiedelt und intensiv genutzt wurde. Das macht aber nichts, sagen viele, denn das moderne Leben und Wirtschaften benötige den Alpenraum gar nicht mehr. Stimmt diese Sichtweise?

Sieht man genauer hin, dann sind die Zukunftsprobleme der Alpen gar keine alpenspezifischen Probleme, die nur hier und nirgendwo sonst auftreten, sondern es sind Probleme, die in großen Teilen Europas ebenso zu finden sind: Alle ländlichen und peripheren Regionen in Europa, die eine geringe Bevölkerungsdichte, ein ungünstiges Relief und eine schlechte Erreichbarkeit besitzen, sperren sich gegen moderne Nutzungen und werden deshalb genau wie die Alpen zu Peripherien gemacht.

Da es sich bei diesen Regionen aber um flachere Gebiete, Hügelregionen oder Mittelgebirge handelt, sind hier die Naturdynamiken nicht so ausgeprägt sprunghaft wie in den Alpen. Deshalb sind die ökologischen Konsequenzen der Einstellung der traditionellen Nutzungsformen und der Ausbreitung von modernen Intensivnutzungen auf den ersten Blick nicht sehr dramatisch. Aber dieser spontane Eindruck darf nicht dazu verleiten, die modernen Nutzungen deshalb als ökologisch unproblematisch zu sehen: Ihre Kurzfristigkeit, ihre hohe Intensität, ihre monofunktionale Gestaltung und ihre fehlende Verantwortung für die ökologische Stabilität der durch sie veränderten Natur führen langfristig auch hier zur Zerstörung der ökologischen Grundlagen menschlichen Lebens und Wirtschaftens.

In den Alpen als einem Raum mit einer ausgeprägten sprunghaften Naturdynamik wird dagegen schnell sichtbar und spürbar, dass die modernen Nutzungen grundsätzlich so angelegt sind, dass sie ihre eigenen naturräumlichen Grundlagen zerstören, weil sie Natur lediglich (aus)nutzen anstatt die Naturnutzung mit einer ökologischen Stabilisierung zu verbinden. Oder anders ausgedrückt: Die modernen Nutzungen behandeln die Natur als »Material« (Martin Heidegger), das beliebig nutzbar und veränderbar ist.

Gleiches gilt natürlich genauso beziehungsweise erst recht für das Wirtschaften in den großen Zentren, das seine Naturgrundlagen ebenfalls massiv zerstört, auch wenn es ihm bislang noch gelingt, seine Umweltbelastungen in die Peripherien, in die Luft (globale Klimaerwärmung) und in die Flüsse (Grundwasser- und Meeresverschmutzung) zu exportieren. Langfristig lässt sich jedoch diese Form des Wirtschaftens nicht fortsetzen.

Analoges gilt für das menschliche Leben: Wenn die Alpen durch die europäischen Metropolen fremdbestimmt werden und wenn hier ein ländliches Idyll inszeniert wird, dann werden die Menschen für fremde Zwecke instrumentalisiert, und dann spielen ihre eigenen Bedürfnisse und Wünsche keine Rolle mehr. Darin drückt sich das Grundprinzip unseres heutigen Wirtschaftssystems aus, dass es nirgendwo mehr um den Menschen geht, sondern dass dieser sich den wirtschaftlichen Sachzwängen unterordnen muss, wenn er (über) leben will. Auch diese Umgangsweise ist langfristig zerstörerisch, indem sie menschliche Lebendigkeit und Kreativität zerstört.

Die Alpen zeigen also sehr deutlich, dass das moderne, großstädtisch geprägte Wirtschaften die natürlichen und die kulturellen Grundlagen des menschlichen Lebens zerstört. Oder in den Worten von Karl Marx: Die kapitalistische Produktion untergräbt die Springquellen allen Reichtums: die Erde und den Arbeiter. Aber diese Zerstörung stellt kein alpenspezifisches, sondern ein grundsätzliches Problem dar, das sich hier nur besonders deutlich zeigt.

Wenn man die Situation der Alpen so sieht und bewertet, dann haben Zukunftsperspektiven, die von den heutigen Selbstverständlichkeiten ausgehen, wenig Sinn. Aus diesem Grund wird jetzt eine Zukunftsperspektive für die Alpen entwickelt, die bewusst mit zentralen Selbstverständlichkeiten unserer modernen Welt bricht. Auf diese Weise soll ein neuer Blick auf die Alpen geworfen werden, durch den neue und positive Zukunftsmöglichkeiten denkbar und vorstellbar werden.

Diese Möglichkeiten werden nicht in Form einer idealen, aber fernen Vision entwickelt, die sich vollständig von der Gegenwart unterscheidet, sondern in Form einer konkreten, umsetzbaren Utopie. Jede ideale oder radikale Vision einer völlig anderen Welt geht als implizite Voraussetzung vom Zusammenbruch der gegenwärtigen Welt aus. Die Alpen zeigen aber sehr deutlich, dass nach einem solchen Zusammenbruch ein Neuanfang in völlig neuen Formen extrem schwer und vielleicht sogar unmöglich ist, weil man sowohl in den verwilderten wie in den verstädterten Alpenregionen die wichtigen Ressourcen der Alpen nicht mehr nutzen kann.

Deshalb ist es wichtig, eine konkrete Utopie zu entwickeln, die zwar einerseits mit fundamentalen Selbstverständlichkeiten der Gegenwart bricht, die aber andererseits gleichzeitig mit dem heutigen Wirtschaften und Leben kompatibel ist, um zu erreichen, dass die bestehenden traditionellen, also noch nicht an der maximalen Intensität ausgerichteten Nutzungsformen nicht weiter zerstört, sondern gestärkt und aufgewertet werden. Und diese könnten dann vielleicht langfristig zum Ausgangspunkt für neue nachhaltige Wirtschafts- und Lebensformen werden.

Unzeitgemäß 1

Kulturelle Werte statt Geld als Schlüsselfaktor

Ethnologen weisen immer wieder darauf hin, dass unsere moderne westliche Welt die erste Gesellschaft in der Geschichte der Menschheit ist, bei der die Wirtschaft die gesamte Gesellschaft dominiert und bei der wirtschaftliche Ziele über allen Werten stehen. Alltagssprachlich drückt sich der gleiche Gedanke in dem Satz aus, dass man für Geld *alles* kaufen kann.

Diese heute so verbreitete Sichtweise ist jedoch keineswegs selbstverständlich: Eigentlich dient das Wirtschaften dazu, die Lebensmittel – die Mittel zum Leben – zu erzeugen, sodass das Wirtschaften das Leben ermöglicht, aber keineswegs mit dem Leben identisch ist oder gar über ihm steht. Wenn das Wirtschaften aber das Leben dominiert, dann wird aus dem Mittel zum Leben ein Selbstzweck, und das bedeutet, dass das Wirtschaften nur noch das Ziel verfolgt, aus Geld mehr Geld zu machen. Damit verliert das Wirtschaften seinen konkreten Inhalt, und die permanente Steigerung eines inhaltslosen, rein quantitativen Zieles (mehr Geld) führt ins Unendliche und ins Absurde und ist in einer endlichen und begrenzten Welt sowieso nicht machbar.

Es liegt auf der Hand, dass diese Form des Wirtschaftens in den Alpen noch absurder ist als in den großen Zentren. Und der Gedanke, dass die Alpen nur dann eine Zukunft haben, wenn sie als wirtschaftsschwacher Raum von außen finanziell unterstützt werden (wie es in der »realistischen« Perspektive gefordert wird), würde voraussetzen, dass außerhalb der Alpen aus Geld sehr viel mehr Geld gemacht wird und dass die Alpen durch Umverteilung an diesem Gewinn teilhaben. Solche Vorstellungen zementieren die Abhängigkeit der Alpen von den großen Wirtschaftszentren. Auf diese Weise, also mittels Transferzahlungen, können die Alpen nicht aufgewertet werden.

Eine wirtschaftliche Aufwertung der Alpen, die sie als Peripherie dringend nötig haben, kann daher nur über die Aufwertung ihrer Ressourcen und Potenziale laufen. Und gerade für diese Form der Aufwertung ist Geld nicht zentral wichtig, sondern spielen kulturelle Normen und Werte die Schlüsselrolle.

Zahlreiche Ressourcen der Alpen werden über viele Jahrhunderte, manche sogar über Jahrtausende intensiv genutzt. Aber mit dem Eindringen der modernen Wirtschaft in die Alpen werden sie immer mehr entwertet, weil hier eine moderne Intensivnutzung nicht möglich ist und weil die traditionelle Form des Wirtschaftens im

Laufe der Zeit in Relation zu den Gunstregionen immer teurer wird. Dennoch ist es nicht so, dass diese Ressourcen heute gar keinen Wert mehr besitzen – dies gilt nur für die moderne Form der Nutzung –, sondern sie können in neuen Formen als regionale Qualitätsprodukte vermarktet werden, bei denen die umwelt- und sozialverträgliche Art und Weise der Produktion einen Teil ihrer Qualität ausmacht, die sich auch im Preis niederschlägt. Und diese Qualitätsprodukte finden heute durchaus gute Absatzmöglichkeiten bei den Bewohnern der großen alpennahen Metropolen und bei den zahlreichen Touristen, die jährlich die Alpen besuchen.

Um aber aus den traditionellen Ressourcen der Alpen – Getreide, Vieh, Kräuter, Wein, Esskastanien, Obst, Holz, Kies, Qualitätssteine, Wasser, Wolle, Loden usw. – regionale Qualitätsprodukte in den Bereichen Land- und Forstwirtschaft, Handwerk, Gewerbe, Dienstleistungen machen zu können, braucht es nicht nur einen engen Bezug zu einem Alpental oder einer Alpenregion mit sehr guten regionalen Kenntnissen und Erfahrungen, sondern zugleich auch eine Kenntnis der modernen Welt. Nur wenn man in beiden Welten zu Hause ist – sei es als Alpenbewohner, der einige Zeit außerhalb der Alpen gelebt hat, sei es als Städter, der sich intensiv auf ein Alpental einlässt – und wenn man sich mit seinem Handeln zugleich für seine alpine Umwelt und Lebenswelt verantwortlich fühlt, kann man die traditionelle und die moderne Welt in Form von regionalen Qualitätsprodukten auf eine neue Weise verbinden. Dies erfordert innovative Personen, die Dinge miteinander verbinden können, die üblicherweise strikt voneinander getrennt werden.

Bei diesen regionalen Qualitätsprodukten geht es im Kern darum, aus den zahlreichen Ressourcen der Alpen hochwertige Produkte zu machen, bei deren Produktion die alpine Umwelt ökologisch stabilisiert wird und dezentrale Siedlungs- und Wirtschaftsstrukturen erhalten werden, sodass sich die Akteure und auch die Bewohner der Region mit diesen Produkten identifizieren können. Für die städtischen Nachfrager sind diese Produkte zugleich eine Möglichkeit, Kontakt zu dieser Alpenregion aufzunehmen und mehr über sie zu erfahren.

Wenn man Regionalprodukte so versteht, dann ist es völlig selbstverständlich, dass man die traditionellen oder herkömmlichen Produkte nicht einfach in ihrer herkömmlichen Form an die Städter verkaufen kann – dies hat ja bereits in der Vergangenheit nicht funktioniert –, sondern die Regionalprodukte müssen für die neue Zielgruppe neu präsentiert und teilweise auch anders produziert werden (hohe Bedeutung einer wirklich umwelt- und sozialverträglichen Produktionsweise). Und es spricht auch nichts dagegen, völlig neue Regionalprodukte zu entwickeln, solange sie einen Bezug zur Region besitzen und umwelt- und sozialverträglich produziert werden.

Natürlich müssen diese Regionalprodukte auf der anderen Seite auch gegen alle Versuche verteidigt werden, alpine Regionalprodukte zu fingieren, um mittels billiger Imitate und Massenproduktion einen großen Gewinn zu erzielen. Um dies zu verhindern, muss bei den alpinen Regionalprodukten die Herkunft der Rohstoffe, der Ort der Bearbeitung oder Verarbeitung und die umwelt- und sozialverträgliche Weise der Produktion offengelegt werden; diese Angaben sind ein integraler Bestandteil ihrer spezifischen Qualität.

Die Motivation, solche Regionalprodukte weiterzuentwickeln oder neu zu kreieren, besteht nicht darin, mit ihnen möglichst viel Gewinn zu erzielen, sondern in der Freude, in einer solchen Alpenregion leben und wirtschaften zu können und diejenigen Ressourcen aufzuwerten, die die Natur in Verbindung mit einer langen menschlichen Nutzungsgeschichte hier in reichem Maße zur Verfügung stellt. Oder mit anderen Worten: Diese Form des Wirtschaftens dient dazu, die Mittel zum Leben zu erzeugen, um hier ein sinnvolles und verantwortungsvolles Leben führen zu können.

Die dafür erforderlichen Innovationen kann man nicht mit Geld kaufen oder in großen Forschungszentren quasi industriell produzieren, sondern sie erwachsen aus der Freude am Leben in den Alpen und aus einer starken kulturellen Identität mit einer bestimmten Alpenregion. Deshalb ist es von zentraler Bedeutung, dass sich die Menschen im Alpenraum – Einheimische, Zugezogene, aber auch Flüchtlinge und Asylsuchende – nicht benachteiligt fühlen, dass sie in einer Peripherie, in einer hinterwäldlerisch geprägten Region leben, sondern dass sie stolz darauf sind, in einem solchen Raum zu leben, und dass sie die damit verbundenen Lebensmöglichkeiten schätzen und nutzen. Alle Maßnahmen, die dieses kulturelle Selbstbewusstsein und diese kulturelle Identität stärken, sind viel mehr wert als Geldzahlungen, denn sie stellen die kulturelle Voraussetzung dafür dar, dass Menschen kreativ werden und neue Ideen und Möglichkeiten entwickeln können.

Nur auf diese Weise können die Alpen als Wirtschaftsraum aufgewertet werden, denn wenn man allein die Ökonomie ins Zentrum stellt, also maximale Erträge und deren permanente Steigerungen, dann sperren sich die Alpen gegen diese Anforderungen und dann – und nur dann – gelten sie als eine Peripherie, in der ein modernes Wirtschaften mit Ausnahme der tiefen Tallagen, der Tourismuszentren und der Wasserkraftnutzungen nicht möglich ist.

Unzeitgemäß 2

Der Wert dezentraler Potenziale

Dezentrale Ressourcen – also weit in einem bestimmten Raum verstreute Ressourcen, die überall nur geringe Konzentrationen aufweisen – sind für das moderne Wirtschaften nicht sinnvoll nutzbar. Das Grundprinzip des modernen Wirtschaftens wird bereits in der Fabrik der frühindustriellen Gesellschaft sehr anschaulich sichtbar: Die Dampfmaschine ersetzt menschliche Arbeitskraft, was ein hohes Maß an Arbeitsteilung bei der Produktion voraussetzt. Und dieses Grundprinzip wirkt umso besser und effektiver, je größer die Maschinen, je stärker die Arbeitsteilungen und je größer die Fabrik selbst wird, und zugleich ist dies mit immer größeren Produktmengen verbunden, die in der Fabrik verarbeitet werden. Und da das moderne Wirtschaften in der Form der Marktwirtschaft organisiert ist, sorgt die permanente Konkurrenz dafür, dass zu wenig effektiv produzierende Betriebe in Konkurs gehen und vom Markt verschwinden. Deshalb ist das moderne Wirtschaften durch einen sehr hohen Grad an Effizienz und Intensität geprägt, der sich am jeweils möglichen Maximum der Produktion orientiert; und dieses wird durch technische und organisatorische Fortschritte stets weiter gesteigert.

Dieses Produktionsprinzip setzt voraus, dass die Ressourcen, die an einem Ort verarbeitet werden, hier auch in großen Mengen zur Verfügung stehen, wobei sie (seltener) lokal vorhanden sind oder (häufiger) hierher transportiert werden. Anschauliche Beispiele dafür sind der moderne Braunkohlentagebau mit seinen gigantischen Maschinen, kilometerlange Pkw-Produktionshallen mit ihren Fertigungsrobotern und Just-in-Time-Zulieferungen oder die riesigen Dienstleistungszentralen von Google, Amazon oder der Weltbank.

Dies betrifft nicht nur die Wirtschaft im Bereich Industrie und Dienstleistungen, sondern auch die Land- und Forstwirtschaft: Im Ackerbau werden heute alle Arbeitsschritte mit immer größeren Maschinen ausgeführt, die nur in ebenem Gelände einsetzbar sind. Gemüse wird heute oft auf fabrikähnliche Weise in computergesteuerten Gewächshäusern produziert. Die Viehwirtschaft hat sich mit der Massentierhaltung inzwischen bodenunabhängig gemacht und ebenfalls fabrikähnliche Strukturen aufgebaut, und in der Forstwirtschaft sind heute sogenannte Holzvollernter im Einsatz, also computergesteuerte Maschinen, die alle forstlichen Arbeiten extrem effektiv erledigen. Deshalb ist das Wirtschaften auch in diesen Bereichen seit langem durch eine große Effizienz und Intensität geprägt. Dies ist mit sehr großen Ertragssteigerungen auf den

Gunstflächen verbunden, weshalb der Ertrag der Produktion auf den ungünstigeren Flächen nicht mehr benötigt wird und aufgrund seiner (relativ) hohen Kosten eingestellt wird.

Der Alpenraum hingegen ist dadurch geprägt, dass seine zahlreichen Ressourcen nur dezentral und nirgends stark zentralisiert vorkommen. Dafür gibt es zwei Gründe, die beide damit zusammenhängen, dass die Alpen ein junges Hochgebirge sind: Geologie und Höhenlage.

Bei der Gebirgsbildung der Alpen sind die europäische und die afrikanische Kontinentalplatte aufeinandergestoßen und haben sich auf chaotische Weise ineinander verkeilt und übereinander geschoben. Dadurch sind extrem kleinräumige geologische Strukturen und Lagerstätten entstanden, und es hat sich ein sehr steiles Relief herausgebildet.

Die große Höhenlage weiter Teile der Alpen führt dazu, dass viele biologische Prozesse langsamer als in tiefen Lagen ablaufen und dass die winterliche Vegetationsruhe sehr lang ist. Dies führt zu einer langsamen Bodenbildung und zu stark verkürzten Vegetationszeiten, also zu einer geringeren biologischen Produktivität als im Tiefland. Diese naturräumlichen Eigenschaften verhindern die Intensivierung der Produktion in den Alpen:

Landwirtschaft: Die geringe biologische Produktivität aller Nutzflächen stellt einen gravierenden Nachteil dar, der im Ackerbau besonders stark, in der Viehwirtschaft etwas weniger stark ausgeprägt ist, das steile Relief verhindert den Einsatz großer Maschinen, und die verkürzten Vegetationszeiten und das raue Klima lassen den Einsatz von modernen Hochleistungssorten im Ackerbau und Hochleistungsrassen in der Viehwirtschaft nicht zu.

Forstwirtschaft: Das langsame Wachstum der Bäume ist ein Nachteil, und das steile Relief verhindert den Einsatz der Holzvollernter.

Handwerk: Wenn die Rohstoffe des Handwerks aus der Land-/Forstwirtschaft kommen (Loden, Leinen, Wolle, Holz, Stroh), dann gelten die gleichen Einschränkungen wie dort. Wenn die Rohstoffe aus Marmor, Talk, Speckstein, Quarz usw. bestehen, gibt es wegen der besonderen geologischen Situation der Alpen nur kleine Lagerstätten.

Bergbau: Der Abbau von Gold-, Silber-, Kupfer-, Eisenerzen und anderen Bodenschätzen besitzt im Alpenraum eine sehr lange Tradition. Aber da die Alpen reich an armen Lagerstätten sind, ist dieser Abbau schon lange nicht mehr lohnend.

Dienstleistungen: Aufgrund der niedrigen Siedlungsdichte der Alpen, der schwierigen Erreichbarkeit zahlreicher Orte und der verbreiteten Streusiedlung lassen sich Dienstleistungen wie Einzelhandelsgeschäfte, Bank, Post, Arzt oder Schule im Gebirgsraum nur sehr schwer an einem Ort konzentrieren, was die Grundlage für Effizienzsteigerung, Intensivierung und Spezialisierung wäre. In den Tallagen der Alpen ist eine räumliche Konzentration von Dienstleistungen dagegen leichter möglich. Die Alpenstädte als Knotenpunkte oder zentrale Orte mit Dienstleistungsangeboten für eine ganze Alpenregion entwickeln zwar solche Konzentrationen, aber sie sind dabei grundsätzlich benachteiligt, weil aufgrund der geringen Siedlungsdichte ihres Umlandes ihre Einwohnerzahlen und ihr Spezialisierungsgrad deutlich geringer ausfallen als bei vergleichbaren Städten im Flachland.

Aus diesen Gründen ist die Nutzung der Alpenressourcen seit langem spürbar benachteiligt: Ab dem 16. Jahrhundert verzeichnen die Alpenstädte eine deutlich geringere wirtschaftliche Dynamik als vergleichbare Städte in Europa, ab dem 17. Jahrhundert können große Teile der Alpen die landwirtschaftlichen Intensivierungen in Europa nicht mehr mitmachen, ab dem 18. Jahrhundert ist der Bergbau nicht mehr konkurrenzfähig, ab dem Ende des 19. Jahrhunderts bricht das Handwerk zusammen und die Landwirtschaft beginnt stark zurückzugehen, ab 1965 wird der Ackerbau in den Alpen eingestellt, und wenn diese Entwicklung so weitergeht wie bisher, dann wird es in absehbarer Zeit gar keine Nutzung der Alpenressourcen mehr geben, und die alpine Wirtschaft wird sich ausschließlich auf die verstädterten Talregionen, auf die Tourismuszentren und die Wasserkraftnutzungen konzentrieren.

Allerdings besitzt die Nutzung der dezentralen Potenziale in den Alpen auch spezifische Vorteile, die oft übersehen werden: Gräser und Kräuter verzeichnen in der Höhe ein verkürztes Längenwachstum bei einem intensiveren Stoffwechsel wegen der größeren Intensität der Sonneneinstrahlung, was sie leichter verdaulich macht, Beeren sind kleiner, haben dafür aber ein intensiveres Aroma, Bäume wachsen langsamer, bilden dabei aber ein härteres Holz aus, die Milch der Tiere auf den Alpflächen hat einen höheren Fettgehalt als im Flachland, die gealpten Tiere verfügen über eine besonders gute Gesundheit und ein sehr hochwertiges Fleisch und so weiter. Die alpenspezifischen Rahmenbedingungen führen also oft zu geringeren Quantitäten bei höheren Qualitäten als bei Flachlandprodukten. Im Zeitalter der Massenproduktion, wo hohe Quantitäten bei niedrigsten Preisen die Märkte dominieren, werden diese besonderen Qualitäten allerdings oft gar nicht mehr wahrgenommen.

Ein weiteres Spezifikum der Alpenprodukte besteht darin, dass in den höheren Lagen der Alpen die heute verbreiteten technischen Standards der modernen Wirtschaft nicht anwendbar sind, was dazu führt, dass die Alpenprodukte weitgehend frei von technischen Hilfs- und Zusatzstoffen sind, was ebenfalls ein Qualitätsmerkmal darstellt.

Und schließlich gehören zur Qualität der Alpenprodukte auch ihre umweltverträgliche Produktionsweise, die die Ökologie der kleinräumigen Kulturlandschaften stabilisiert, und ihre Sozialverträglichkeit, die dank dezentraler Nutzungen die dezentralen Siedlungs- und Infrastrukturen erhält.

Diese spezifischen Qualitäten der Alpenprodukte sind so groß, dass sie trotz der niedrigeren Quantitäten und einer im Vergleich zum Flachland sehr geringen Intensität der Produktion auf dem Markt zu angemessenen Preisen verkauft werden können. Allerdings setzt dies voraus, dass bei der Produktion im Alpenraum wirklich die Qualität im Zentrum steht und sie nicht durch schleichende Modernisierungs- und Intensivierungsprozesse beeinträchtigt wird.

Allerdings haben die Qualitätsprodukte aus den Alpen bei der Vermarktung keine Chance, wenn sie mit den agroindustriellen Massenprodukten konkurrieren müssen, weil diese konkurrenzlos billig sind. Nur als besondere Produkte, also als Produkte von hoher (Bio-) Qualität und zugleich als Regionalprodukte, die aufgrund ihrer Herkunft und Produktionsweise unverwechselbar sind, können diese Alpenprodukte angemessen vermarktet werden. Und dabei können sie gut von dem besonders hohen Stellenwert und der Bekanntheit der Alpen in Europa profitieren.

Viele Erfahrungen mit Regionalprodukten haben gezeigt, dass sie im Regelfall von der Bevölkerung der eigenen Region nicht sehr stark nachgefragt werden, dass aber die Menschen in den großen Wirtschaftszentren daran ein großes Interesse haben. Für die Alpen bedeutet das, dass ihre regionalen Qualitätsprodukte in erster Linie in den zehn bis zwölf alpennahen Metropolen vermarktet werden, in denen knapp 50 Millionen Menschen leben, die Nachfrage also sehr groß ist, und dass die Alpenbesucher – Urlauber und Tagesbesucher – die zweite Zielgruppe darstellen.

Da die dezentralen Strukturen und die jeweils geringen Quantitäten einen erheblichen Nachteil für die Vermarktung bedeuten, sollte dies durch eine alpenweite

Vernetzung aller Produzenten von regionalen Qualitätsprodukten ausgeglichen werden: Erst ein solches Netzwerk besäße die notwendige Größe für eine effektive Vermarktung der Alpenprodukte in den alpennahen Metropolen. Zugleich müsste ein solches Netzwerk ein gemeinsames Alpen-Label – natürlich regional ausdifferenziert – aufbauen, das die Qualität der Produkte, die Herkunft der Produkte/Rohstoffe und die umwelt- und sozialverträgliche Produktionsform zertifiziert und kontrolliert, damit der Verbraucher echte von vorgetäuschten Alpenprodukten unterscheiden kann.

Auf diese Weise könnte man aus dem Nachteil der Ressourcennutzung im Alpenraum – geringe Quantitäten und Intensitäten – einen Vorteil machen und Alpenprodukte als regionale Qualitätsprodukte erfolgreich vermarkten. Damit könnten die Alpen als dezentraler Lebens- und Wirtschaftsraum wieder aufgewertet werden.

Unzeitgemäß 3

Naturschutz mittels angepasster Nutzung

Angesichts der modernen Intensivnutzungen in allen Bereichen des Wirtschaftens, die die natürlichen Lebensgrundlagen des Menschen auf der Erde bedrohen, ist ein Naturschutz dringend nötig. Allerdings stehen alle modernen Nutzungsformen heute unter einem sehr starken globalen Konkurrenzdruck, sodass Produktionseinschränkungen zum Zwecke des Naturschutzes nicht wirklich vorstellbar sind.

Da sich aber die meisten modernen Nutzungen aufgrund der permanenten Steigerung der Nutzungsintensität auf immer kleinere Gebiete zurückziehen, entsteht die Möglichkeit, die wirtschaftlich nicht mehr benötigten Flächen dem Naturschutz zu überlassen, damit er seine Aufgabe erfüllen kann. Auf diese Weise wird ein relativ konfliktfreies Zusammenwirken zwischen Wirtschaft und Naturschutz möglich, und staatliche Naturschutzziele – von der gesamten Staatsfläche sollen zum Beispiel 15 Prozent Schutzgebiete mit strengem Schutz und 2 Prozent Wildnisgebiete werden – werden umsetzbar.

Es fragt sich aber, ob eine solche Naturschutzstrategie, die einer breiten Bevölkerung spontan sehr einleuchtet, sinnvoll ist: In den Räumen mit intensiver Nutzung steigen die Umweltbelastungen weiterhin an, während sich in den Räumen, die nicht mehr wirtschaftlich genutzt werden, durch eine Ausweisung als Schutzgebiet meist nicht viel ändert: Die allmähliche Verwilderung einer Region, die mit dem Rückzug der Wirtschaft beginnt, geht weiter, egal ob ein solches Gebiet als Schutzgebiet ausgewiesen wird oder nicht. Dies gilt natürlich nur dann, wenn eine Region ungünstig liegt; sofern sie von einer Großstadt aus gut und schnell erreichbar ist, sieht die Lage anders aus, weil dann Freizeitinteressen mit ins Spiel kommen.

Eine solche Naturschutzstrategie ist vor allem nicht geeignet, die zwei zentralen Umweltschutzprobleme unserer Gegenwart anzugehen: Die permanent weiter steigende Intensität aller wirtschaftlichen Nutzungen – der technische Umweltschutz mit seinen End-of-Pipe-Lösungen wie dem Einbau von Filtern am Ende der Produktionskette stellt keine wirkliche Lösung dar – und der permanent weiter steigende Energieverbrauch sowie der Verkehr sind mit großen Umweltbelastungen verbunden. Allerdings zeigen sich die Umweltschäden heute nicht mehr wie früher direkt am Ort des Verschmutzers, sondern auf diffuse und indirekte Weise auf der globalen Ebene (generelle Luft-/Wasserverschmutzungen, Klimawandel, Ozonloch usw.), und sind daher keiner konkreten Ursache mehr zuzuordnen.

In den Alpen zeigen sich dagegen die Natur- und Umweltprobleme auf eine ganz andere Weise: Die besonders schützenswerte Natur ist hier nicht die »unberührte« oder menschlich nicht angetastete Natur, sondern die traditionelle Kulturlandschaft: Ihre ausgeprägte Artenvielfalt, die vom Menschen spürbar erhöht wurde, ihre ausgeprägte Kleinräumigkeit, die im Bereich der Vegetation erst vom Menschen geschaffen wurde, und ihre ökologische Stabilität dank angepasster Nutzungsformen sind wichtige Elemente ihrer Schutzwürdigkeit. Der Mensch hat hier mit seinem traditionellen Handeln und Wirtschaften die Natur nicht nur nicht zerstört, sondern sogar noch bereichert und aufgewertet. Ebenso schutzwürdig sind die damit verbundenen Naturerfahrungen, die sich in zahllosen konkreten Wirtschafts- und Handlungsformen, in Alpsatzungen, in Erzählungen, Sagen und Mythen und in Orts- und Flurnamen niedergeschlagen haben. Wenn die traditionelle Kulturlandschaft durch Verwilderung oder Überbauung und Intensivnutzung verschwindet, verschwinden auch diese wichtigen Natur- und Umwelterfahrungen.

Für die Alpen ergibt die eingangs beschriebene Naturschutzstrategie wenig Sinn: Würde man die modernen Intensivnutzungen im Alpenraum nicht einschränken und sich nur auf die Ausweisung von möglichst großen Schutz- und Wildnisgebieten konzentrieren, dann wäre für die Alpen wenig gewonnen, weil die traditionellen Kulturlandschaften dabei schnell verschwinden würden. Deshalb müsste eine Naturschutzstrategie für die Alpen andere Schwerpunkte setzen.

Die höchste Priorität wäre hier auf den Erhalt einer umwelt- und sozialverträglichen Landnutzung auf möglichst großen Flächen zu legen, weil dadurch die Artenvielfalt und die Kleinräumigkeit der Landschaft am effektivsten langfristig gesichert werden könnten. Dies erfordert eine enge Zusammenarbeit zwischen Naturschutz und Land- und Forstwirtschaft.

An zweiter Stelle sollte das Ziel stehen, die ruinöse Konkurrenz im alpinen Tourismus zu dämpfen, damit die großen Tourismuszentren nicht ständig zulasten der kleineren und mittleren Tourismusorte wachsen, dezentrale Arbeitsplätze und Angebote vom Markt verdrängt werden und Umweltbelastungen ansteigen. Dies wäre am effektivsten durch ein Verbot der Neuanlage von Skigebieten und Bergbahnen in bisher nicht touristisch erschlossenen Räumen zu erreichen. Ein solches Verbot wäre am sinnvollsten über das Tourismusprotokoll der Alpenkonvention – analog zum Verbot von neuen Transitstraßen durch die Alpen im Verkehrsprotokoll – beziehungsweise über raumplanerische Maßnahmen umzusetzen und nicht über die Naturschutzpolitik mittels Ausweisung von neuen Schutzgebieten.

Genauso wichtig wie dieses Ziel wären Umweltauflagen in den verstädterten Gebieten der Alpen wie Reduzierung des Flächenverbrauchs, des Verkehrs, der Luft- und Wasserverschmutzung sowie des Lärms, damit diese Räume eine bessere Lebensqualität erhalten.

Beide Maßnahmen – Begrenzung des Tourismus und Umweltauflagen in den verstädterten Gebieten – dienen auch dazu, die Kulturlandschaften von äußerem Druck zu entlasten, sei es vom Druck der räumlichen Verkleinerung durch den Massentourismus, sei es vom Druck des Schadstoffeintrags aus den verstädterten Gebieten.

Und erst nach diesen drei Umweltzielen könnte man auch an Wildnisgebiete denken: Die Kenntnis der Naturprozesse, die hier ablaufen, ist wichtig, um die sprunghafte Naturdynamik in den Alpen besser zu verstehen und Schutzmaßnahmen effektiver zu gestalten, nicht nur in Form von technischen Bauwerken, sondern auch in Form des Ausweichens vor spezifischen Gefahren. Allerdings sollten nur solche Gebiete als Wildnisgebiete ausgewiesen werden, in denen es seit längerer Zeit keine Nutzungen mehr gibt, bei denen die betroffene Bevölkerung dies unterstützt und bei denen gesichert ist, dass die zunehmende sprunghafte Naturdynamik nicht für Räume unterhalb von ihnen ein großes Schadenspotenzial bedeutet.

Noch weniger wichtig für den Naturschutz wäre die Förderung der Verbreitung von Wildtieren in den Alpen, sei es durch Auswilderungen (Bär, Luchs, Bartgeier), sei es durch Abschussverbote (Wolf) oder durch Fütterungen (Hirsch und Reh). Diese besonders bei großstädtischen Bevölkerungen sehr populären Naturschutzmaßnahmen haben mit den zentralen Umweltproblemen der Alpen – Verlust an Artenvielfalt, Luft-/Wasserverschmutzung, Lärm, Zersiedlung – nicht sehr viel zu tun und laufen Gefahr, zum Alibi zu werden. Diese Maßnahmen würden auf einer Naturschutzprioritätenliste ziemlich weit unten stehen.

Es ist kein Zufall, dass die Prioritäten beim Naturschutz in den Alpen sehr viel anders ausfallen als in den großen Zentren: In den Alpen haben sich bis heute die bäuerlichen Erfahrungen im Umgang mit Natur erhalten, bei denen Natur die wirtschaftliche Lebensgrundlage des Menschen darstellt und Natur stets die zwei Seiten der Ermöglichung und der Bedrohung besitzt, weshalb ein umweltverträgliches Wirtschaften mit Verantwortung für die menschlich genutzte und veränderte Natur die Schlüsselrolle im Naturbezug und im Naturschutz spielt. In den großen Zentren ist dagegen beim Naturschutz die Sichtweise der Moderne prägend, bei der Wirtschaft und Naturschutz einen Gegensatz darstellen und die Natur vor dem Menschen geschützt werden müsse, was zu völlig anderen Prioritätensetzungen führt. Es stellt sich aber die Grundsatzfrage, ob die Sicht der Alpen auf den Naturschutz nicht die realitätsnähere Position ist, die dem Naturschutz in Europa neue Perspektiven eröffnen könnte.

Unzeitgemäß 4

Multifunktionale Nutzungen statt Monostrukturen

Damit die heutigen Intensivnutzungen effizient ausgeführt werden können, müssen alle Rahmenbedingungen auf diese spezifische Nutzung hin ausgerichtet werden: Eine Straße, die dem schnellen und reibungslosen Verkehr dient, kann nicht mehr wie früher auch als Ort zum Reden und Spielen oder von Fußgängern benutzt werden, sondern muss alle anderen Nutzungen ausschließen. Oder ein Acker, der intensiv genutzt wird, darf keine größeren Bodenunebenheiten, keine Bäume, Ackerterrassen oder andere Nutzungshindernisse für die großen landwirtschaftlichen Maschinen haben und ist deshalb nicht geeignet, um hier Spaziergänge zu machen. Oder eine Fabrik, in der Haushaltsgegenstände hergestellt werden, dient heute nur noch der Funktion Arbeiten, während jahrtausendelang solche Produkte in einer ins Wohnhaus integrierten Werkstatt produziert wurden, und dabei Arbeit und Familie, Produzieren, Verkaufen und Leben ineinander übergingen.

Die modernen Intensivnutzungen erzwingen räumliche Monostrukturen: Eine Nutzung verlangt eine Fläche, die nur dieser einen Funktion und keiner weiteren dient, denn andere Nutzungen würden nur störend sein und die Effizienz der Intensivnutzung beeinträchtigen und behindern.

Unsere gesamte moderne Welt beruht auf der folgenden Logik: Entweder ich nutze eine Fläche, dann aber richtig und höchst effizient; oder wenn nicht alles dieser einen Nutzung untergeordnet werden kann, dann nutze ich eine Fläche gar nicht. Die Welt zerfällt dabei in eine Summe von Ja-Nein-Entscheidungen, wobei dritte Möglichkeiten, also Mischnutzungen, ausgeschlossen werden, weil sie dem Grundsatz der maximalen Nutzungsintensität widersprechen. Moderne Entwicklung heißt dann, dass die traditionelle Welt, die nur Mischnutzungen kennt, zu Monostrukturen umgebaut wird. Diese Monostrukturen sind für uns heute inzwischen so selbstverständlich und so logisch geworden, dass uns der fundamentale Unterschied zur traditionellen Welt oft gar nicht mehr auffällt.

Da die heutigen Nutzungen nur auf dem Hintergrund extremer räumlicher Arbeitsteilungen so stark intensiviert werden können, entsteht folgende Raumstruktur: Auf einer bestimmten Gewerbefläche produziert ein mittelgroßer Industriebetrieb Fensterscheiben für die Pkw-Produktion. Die Rohmaterialien und Vorprodukte, die er dabei braucht, werden dort eingekauft, wo sie weltweit am günstigsten sind, weshalb ein Standort an einer Autobahnabfahrt in der Nähe einer großen, zentral in Europa gelegenen Metropole am sinnvollsten ist. Die fertigen Produkte gehen an einen weiter entfernt liegenden Automobilkonzern. Mittels Vorbezügen und Absatzstrukturen ist dieser Betrieb mit zahlreichen anderen, in der Regel weit entfernten Betrieben eng vernetzt, was einen erheblichen überregionalen Lkw-Verkehr zur Folge hat. Dagegen bestehen nur wenige oder gar keine Beziehungen zu anderen Betrieben auf dem gleichen Gewerbegebiet, zur Standortgemeinde oder zur Region, in der dieser Betrieb liegt.

Das ist die moderne Raumstruktur: Es gibt Millionen von Einzelpunkten, die alle mittels Lkw-Verkehr und Internet mit zahlreichen anderen Einzelpunkten auf der ganzen Welt eng vernetzt sind, die aber alle keine Beziehungen zu ihrer direkten räumlichen Nachbarschaft besitzen, weil dies nicht mehr effizient ist. Daraus entsteht ein zerrissener, fragmentierter Raum, der keinen inneren Zusammenhang mehr besitzt, in dem es keine regionale Identität und keine regionale Verantwortung gibt und der durch massenhaften Verkehr stark belastet wird.

Am deutlichsten ausgeprägt ist diese Raumstruktur im Umfeld der großen Metropolen: Hier herrscht ein chaotisches und beziehungsloses Nebeneinander von einzelnen, teilweise hoch spezialisierten Gewerbe-, Landwirtschafts-, Wohn-, Freizeit-, Einkaufs-, Naturschutz-, Wald- und Verkehrsflächen, das vom deutschen Architekten Thomas Sieverts treffend als »Zwischenstadt. Zwischen Ort und Welt, Raum und Zeit, Stadt und Land«

bezeichnet wird. In den Städten selbst führt die moderne Entwicklung dazu, dass die enge räumliche Mischung der Funktionen Wohnen, Wirtschaften, Kultur, Bildung und Freizeit aufgelöst wird, wobei die Wohnfunktion am Stadtrand in großen Wohneinheiten monofunktional konzentriert wird, während das eigentliche Stadtzentrum zum reinen Einkaufs- und Kulturzentrum wird, womit es seine Lebendigkeit verliert. Auf dem Land führt die moderne Entwicklung dazu, dass die landwirtschaftlichen Nutzflächen von wenigen Bauern bewirtschaftet werden und wegen der Intensivnutzung nicht mehr als Naherholungsraum genutzt werden können; dass die Menschen, die im Dorf wohnen, aber weit außerhalb des Dorfes arbeiten, keinen Bezug mehr zur lokalen Landwirtschaft und Landschaft haben; dass die Gewerbebetriebe global stärker vernetzt sind als regional und dass die Tourismusanbieter versuchen, ein ländliches Idyll aufzubauen, das mit der Realität kaum noch etwas zu tun hat.

Diese modernen Raumstrukturen sind im eigentlichen Sinne des Wortes »ortlos«, weil sie mit dem konkreten Ort, an dem sie lokalisiert sind, und der dazugehörenden direkten Umgebung nichts mehr zu tun haben und weil die ubiquitären Nutzungen genauso gut woanders stattfinden könnten, sofern die Rahmenbedingungen (Autobahn- und Internetanschluss) gegeben sind. Diese ortlosen Strukturen sind – um einen Begriff von Alexander Mitscherlich aufzugreifen – von »Unwirtlichkeit« geprägt, denn die kalte Funktionalität effizientester Nutzungen erstickt jede Lebendigkeit.

Diese Raumstrukturen finden sich heute auch in Teilen der Alpen: Die großen Tourismuszentren sind so extrem stark auf die Monofunktion Freizeit ausgerichtet, dass man hier von einem Tourismus-Ghetto sprechen kann, die Kernbereiche der Alpenstädte sind sehr stark zu touristisch-kulturellen Zentren umgebaut worden, in den verstädterten Talgebieten finden wir die Zwischenstadt-Struktur in Form langgezogener Bänder, und in Alpenregionen mit intensiver Wasserkraftnutzung wird alles dieser Monofunktion untergeordnet. Nur im eigentlichen Gebirgsraum jenseits dieser modernen Nutzungen sind diese ortlosen Strukturen erst ansatzweise oder gar nicht existent.

Allerdings ist die geringe Intensität der Nutzung der Alpenressourcen, die in den meisten Fällen gar nicht zu Monostrukturen weiterentwickelt werden kann, ein Nachteil für das Wirtschaften in den Alpen, weil der Ertrag oft so gering ist, dass heute eine Person davon nicht mehr leben kann. Dies kann aber ausgeglichen werden durch Erwerbskombinationen mit Mehrfacheinkommen. Ein Bergbauer kann zum Beispiel seine bäuerliche Arbeit mit der Weiterverarbeitung der von ihm erzeugten Produkte zu Spezialitäten oder mit agrotouristischen Angeboten oder mit beidem kombinieren. Ein Handwerker kann neben seiner Produktion auch Reparaturarbeiten übernehmen, im Tourismus oder in der Gemeindeverwaltung arbeiten. Für solche Erwerbskombinationen, die den Nachteil geringer Quantitäten beim Wirtschaften ausgleichen, gibt es sehr viele Möglichkeiten. Allerdings stehen diese wegen der verbreiteten Orientierung an Monofunktionen erst einmal quer zu den Selbstverständlichkeiten unserer Gegenwart, was sich als mentale Blockade auswirkt. Deshalb erfordert es kulturelle Innovationen und Kreativität, diese Möglichkeiten zu entdecken und umzusetzen.

Auch für die Infrastrukturen in den Alpen stellt die Ausrichtung an Monostrukturen ein Hindernis dar: Weil viele Orte und Gemeinden in den Alpen klein sind, erzielen weder der Lebensmittelladen noch die Post oder die Bank genügend Umsatz, sodass sie nach und nach geschlossen werden. Auch hier ist es sinnvoll, die Monostruktur durch eine multifunktionale Struktur zu ersetzen und viele verschiedene Angebote in einem Geschäft miteinander zu kombinieren.

Eine analoge Lösung könnte auch die ärztliche Versorgung verbessern: Eine Person mit medizinischer Grundausbildung lebt in jeder Alpengemeinde – eventuell in Erwerbskombination mit Altenpflege, Kinderbetreuung – und ist in der Lage, bei einfachen Erkrankungen und kleinen Unfällen Hilfe zu leisten. Bei schwierigeren oder unklaren Fällen ist sie via Internet mit dem nächsten Facharzt oder Krankenhausarzt verbunden, der die Untersuchungsergebnisse digital erhält und in Absprache mit der Person vor Ort eine Diagnose erstellt. Wenn die moderne Technik nicht dazu verwendet wird, Arbeitskräfte einzusparen – wie es heute meist geschieht –, sondern um Personal vor Ort dezentral zu unterstützen, dann könnten die Benachteiligung von Alpengemeinden, die zu klein für einen eigenen Arzt sind, wenigstens teilweise aufgefangen werden.

Die Abkehr vom Dogma der Monostruktur eröffnet also einer dezentralen Ressourcennutzung mit geringen Quantitäten neue Möglichkeiten und stärkt die Alpen als Wirtschafts- und als Lebensraum. Und diese gelebte Multifunktionalität führt dann dazu, dass auf der gleichen Fläche mehrere Funktionen zugleich umgesetzt werden können: Dann sichert eine Fläche sowohl den wirtschaftlichen Ertrag, dient durch den Erhalt der Artenvielfalt gleichzeitig dem Umweltschutz und stärkt als kleinräumige Landschaft mit einer unverwechselbaren Gestaltung die kulturelle Identität vor Ort.

Die Vielfalt, die mit den multifunktionalen Nutzungen im Wirtschaften, in der Landschaft und in den Infrastrukturen verbunden ist, drückt ein hohes Maß an Lebendigkeit aus. Und die Lebendigkeit des menschlichen Lebens besteht ja gerade darin, dass man die verschiedenen Funktionen im Beruf, in der Familie, in der Freizeit usw. nicht säuberlich getrennt voneinander lebt – das würde zur Schizophrenie führen –, sondern integriert und gemeinsam auslebt. Vielleicht ist das der Grund, weshalb sich Städter, die aus einer stark monofunktional geprägten Welt kommen, im ländlichen Alpenraum oft spontan so wohlfühlen.

Festzuhalten ist an dieser Stelle, dass die Multifunktionalität des Lebens und Wirtschaftens in den Alpen einen sehr hohen Wert beinhaltet, der ein Leben in den Alpen aufwertet und der dazu führen kann, dass sich hier »Orte guten Lebens« ausbilden. Auf diese Weise kann der ursprüngliche Nachteil der Alpen, sich gegen Monostrukturen zu sperren, in einen Vorteil umgewandelt werden.

Aber noch auf einer ganz anderen Ebene spielt die Multifunktionalität für die Alpen eine wichtige Rolle: Der gesamte Alpenraum kann heute keineswegs allein von der Nutzung der alpenspezifischen Ressourcen leben, selbst wenn diese Ressourcen überall optimal genutzt würden. Auf dem Höhepunkt der traditionellen Nutzung der Alpen im Jahr 1880 lebten maximal 5 Millionen Menschen von den alpenspezifischen Ressourcen, und weil inzwischen zahlreiche Nutzflächen verbuscht und verwaldet sind, könnten heute bestenfalls 2,5 Millionen Menschen davon leben. Weil im Jahr 2011 15 Millionen Menschen in den Alpen leben, ist die Idee, die Wirtschaft der Alpen sollte allein auf der Nutzung der alpenspezifischen Ressourcen basieren, irreal – wo sollten dann die 12,5 Millionen Menschen hin, die die Alpen verlassen müssten?

Die Lösung dieses Problems könnte die Leitidee der »ausgewogenen Doppelnutzung« sein: Es gibt in den Alpen einmal die Nutzung der alpenspezifischen Ressourcen durch die Menschen vor Ort, also die endogenen Nutzungen; zum anderen gibt es in den Alpen die Nutzungen für externe Nutzer, die selten alpenspezifische Ressourcen nutzen (Wasserkraft), die teilweise auf der indirekten Nutzung der alpenspezifischen Ressourcen basieren (Tourismus) oder die oft gar nichts mit den Alpen zu tun haben (ubiquitäre Betriebe in den verstädterten Alpenräumen oder einige Metropolfunktionen, die in die Alpen ausgelagert werden), also die exogenen Nutzungen.

Die Leitidee der ausgewogenen Doppelnutzung verfolgt das Ziel, dass die endogenen und die exogenen Nutzungen in einem ausgewogenen Verhältnis zueinander stehen sollen. Das bedeutet, dass die wirtschaftlich sehr starken exogenen Nutzungen in einer ersten Phase die endogenen Nutzungen nicht konkurrieren, gefährden oder gar verdrängen, sondern stattdessen unterstützen und fördern sollten. Wenn dieses anspruchsvolle Ziel erreicht ist, könnte es in einem zweiten Schritt darum gehen, die exogenen Nutzungen besser an den Alpenraum anzupassen, sie stärker untereinander zu vernetzen und ein Stück weit alpenspezifisch auszugestalten.

Auf diese Weise könnte die Idee der Multifunktionalität auf der Ebene einer Großregion in Europa umgesetzt werden. Dabei würden sich die Alpen weder den funktionsräumlichen Arbeitsteilungen entziehen und sich auch nicht von Europa abschotten, noch würden sie als Peripherie ein integraler Teil der europäischen und globalen Arbeitsteilungen werden, sondern sie würden mit der ausgewogenen Doppelnutzung einen dritten Weg beschreiten, der es ihnen erlaubt, ihrer lebendigen Multifunktionalität eine Zukunft zu geben.

Unzeitgemäß 5

Alpenspezifische Lösungen statt globaler Standardisierungen

Die heutigen Nutzungsformen sind ohne weltweite Standardisierungen nicht funktionsfähig: Die extremen räumlichen Arbeitsteilungen, der hohe Maschineneinsatz, die sehr großen Mengen an Vor- und Zulieferprodukten und die globale Vermarktung verlangen Standards, die immer und überall eingehalten werden müssen, weil sonst diese Form des Wirtschaftens nicht funktioniert. Und die Homogenisierung der Produktionsstandards, der Vermarktungsstrukturen und der Kapitalmärkte gilt immer wieder als großer »Fortschritt« – zum Beispiel die Realisierung des gemeinsamen Binnenmarktes mit einer einheitlichen Währung in der Europäischen Union –, der die Produktivität des Wirtschaftens erhöhe und die Konkurrenzfähigkeit deutlich verbessere.

Wirtschaftsverhältnisse, in denen es solche Standardisierungen nicht gibt, gelten dagegen als vormodern und unwirtschaftlich, und der Vorschlag von Einzellösungen wirkt da wie ein Rückschritt in die Steinzeit.

Dieses Denken ist heute so selbstverständlich geworden, dass es auch alternative Vorstellungen beeinflusst. Die derzeit so beliebte Vorgehensweise, umweltverträgliche und alternative Nutzungsformen mittels »best practices« zu fördern, geht genau in diese Richtung: Wenn sich ein solches Projekt an einem Ort positiv entwickelt, dann liegt das im Regelfall daran, dass hier sehr unterschiedliche Rahmenbedingungen zusammenpassen, die den Akteuren oft gar nicht vollständig bewusst sind, weil sie für sie völlig selbstverständlich sind. Wenn man ein solches Positivbeispiel als »best practice« für viele andere Orte als Vorbild hinstellt, dann abstrahiert man von den spezifischen lokalen Rahmenbedingungen und macht daraus ein allgemeines Prinzip oder eine Standardlösung, die immer und überall anwendbar sein soll und die deshalb nirgends wirklich passt.

Die Standardisierung aller Wirtschafts- und Lebensbereiche führt dann natürlich auch dazu, dass die baulichen Strukturen (Großstädte, Produktionshallen, Dienstleistungszentren) überall gleich aussehen, dass die Endprodukte sich immer ähnlicher werden (Coca-Cola, McDonald's und elektronische Geräte als Leitprodukte) und dass sich auch die Lebensstile weltweit angleichen. Dies gilt heute als Zeichen des Fortschritts, aber angesichts der großen naturräumlichen und kulturellen

Vielfalt auf der Erde ist diese Homogenisierung eigentlich armselig und stellt einen kulturellen Verlust dar.

In den Alpen macht eine Standardisierung aufgrund der kleinräumig unterschiedlichen Verhältnisse, der kleinen Mengen und der eher geringen Arbeitsteilung wenig Sinn. Aber sie betrifft den Gebirgsraum der Alpen immer wieder, wenn Produkte aus der globalen Wirtschaft eingeführt werden, deren Standards vor Ort nicht wirklich passen.

Ein exemplarisches Beispiel sind geländetaugliche Allradfahrzeuge, für die in den Alpen eine große Nachfrage besteht. Weil diese Nachfrage im europäischen und globalen Rahmen viel zu klein ist, entwickeln die großen Automobilfirmen in der Nachkriegszeit dafür kein Angebot; deshalb gibt es militärische Sonderentwicklungen – die Haflinger- und Pinzgauer-Fahrzeuge des österreichischen Bundesheeres –, die zu relativ hohen Preisen dann auch als zivile Fahrzeuge in den Alpen genutzt werden. Erst der weltweite Boom von geländetauglichen Fahrzeugen für die Alltags- und Freizeitnutzung verbessert diese Situation ab den 1990er-Jahren fundamental. Aber nach wie vor sind diese Fahrzeuge für den Gebrauch in den Alpen nicht optimal, weil sie weltweiten Standards verpflichtet sind. Deswegen müssen viele Produkte aus der globalen Wirtschaft für den Gebrauch in den Alpen erst an deren Bedingungen angepasst werden.

Die Alpen sind eigentlich ein klassisches Beispiel dafür, dass Standardlösungen nicht passen, weil die naturräumlichen Verhältnisse hier kleinflächig so schnell wechseln, dass die Bewirtschaftung immer wieder modifiziert werden muss, was aber angesichts der kleinen Mengen, des limitierten Maschineneinsatzes und einer gering ausgeprägten Arbeitsteilung auch kein besonderes Problem darstellt. Deshalb sind hier an die spezifische Situation angepasste Einzellösungen gefragt und keine standardisierten Lösungen.

Die Erfahrungen der traditionellen Alpnutzungen veranschaulichen diese Einzelfalllösungen anschaulich: Um die Alpflächen vor Überweidung wie vor Unternutzung (zu wenige Tiere fressen selektiv nur die besten Futterkräuter, was zur Verbuschung der Alpfläche führt) zu schützen, wurden früher genaue Bewirtschaftungsvorschriften in Form von Alpsatzungen festgelegt. Jede Alp hatte ihre eigene Alpsatzung, die sich inhaltlich von allen anderen Alpsatzungen unterschied, weil sie genau auf diese eine Alp mit ihren spezifischen Verhältnissen zugeschnitten war. Daher stellt jede Alpsatzung einen Einzelfall dar, der es ermöglicht, die wirtschaftliche Nutzung dieser Alp mit ihren besonderen Umweltverhältnissen zu verbinden und so umweltverträglich zu wirtschaften – was bei Standardlösungen nicht möglich wäre.

Die Leitidee der Standardisierung besitzt noch einen weiteren Aspekt: Standardlösungen verfolgen das Ziel, komplexe Produktionsbedingungen übersichtlich zu machen und zu vereinfachen – wenn das »Programm«, also die Abfolge von standardisierten Einzelschritten klappt, dann muss auch die Umsetzung bis ins letzte Detail klappen. Voraussetzung für diese Herangehensweise ist die Überzeugung, dass der Mensch den gesamten

Produktionsprozess und alle damit verbundenen Naturveränderungen vollständig im Griff hat und vollständig kontrollieren kann.

Die Alpen mit ihrer spezifischen Naturdynamik verunmöglichen eine solche fest programmierte Umsetzung: Der Mensch hat die sprunghaften Naturprozesse der Alpen nie vollständig im Griff, und er kann daher seine Produktionsprozesse nie vollständig kontrollieren. Deshalb muss er bei allen Arbeitsschritten stets damit rechnen, dass etwas Unvorhergesehenes passieren kann, und dies bedeutet, dass er immer wieder seine Arbeit unterbrechen muss, um dies zu überprüfen. Dabei modifiziert er dann je nach Situation seine Arbeit, ändert die Arbeitsweise oder stellt die Arbeit eventuell auch ganz ein. So etwas ist bei Standardprogrammen nicht vorgesehen, die quasi »blind« ablaufen, nachdem sie einmal in Gang gesetzt sind.

Deshalb sind alpenspezifische Einzelfalllösungen notwendig, um das Wirtschaften wirklich umweltverträglich zu gestalten und um die Kulturlandschaft bei der Nutzung zugleich angemessen ökologisch zu stabilisieren. Gleichzeitig sind solche alpenspezifischen Einzellösungen Ausdruck dafür, dass der Mensch die Natur nie vollständig beherrscht und dass er dies bei seinem Wirtschaften berücksichtigt. Aus diesem Grund müssen alle neu aufzuwertenden oder neu zu entwickelnden endogenen Nutzungen als Einzelfallnutzungen konzipiert werden und können nicht – was nur scheinbar leichter wäre und schneller ginge – in Form von Standardisierungen entwickelt werden.

Bilanz

Weil die verbreiteten Zeitgeistvorstellungen zur Zukunft der Alpen nur zum endgültigen Verschwinden der Alpen als spezifischer Lebens- und Wirtschaftsraum führen, entwickelt Kapitel III eine unzeitgemäße Perspektive – es gibt für die Alpen nur dann eine positive Zukunft, wenn zentrale Selbstverständlichkeiten unserer modernen Welt infrage gestellt werden.

Diese unzeitgemäße Perspektive basiert auf dem Wert der alpenspezifischen Produkte, die als regionale Qualitätsprodukte mit einem eigenen Alpen-Label in den alpennahen Metropolen und im Alpentourismus vermarktet werden. Dafür ist ein hohes Maß an Kreativität und Innovationsfreudigkeit erforderlich, dessen Wurzeln in einer starken regionalen Identität liegen. Die mit dieser Produktionsform verbundenen Nachteile – geringe Mengen und Intensitäten, geringe Arbeitsteilungen – können durch spezifische Einzelfalllösungen, multifunktionales Wirtschaften, Erwerbskombinationen und multifunktionale Infrastrukturen ausgeglichen werden. Das besondere Merkmal dieser Wirtschaftsform ist ihre multifunktionale Zielsetzung, bei der mit der Produktion von Mitteln zum Leben zugleich die menschlich veränderte Natur ökologisch stabilisiert und eine dezentrale Lebensform in Verantwortung für die Mit- und Umwelt lebendig gehalten wird.

Diese ganz andere Wirtschafts- und Lebensform kann sich aber nicht erst dann entwickeln, wenn die moderne Welt völlig zusammengebrochen ist, denn dann wären die alpenspezifischen Ressourcen längst nicht mehr nutzbar. Deshalb wird die Leitidee der ausgewogenen Doppelnutzung entwickelt, bei der die multifunktionale Nutzung der Alpenressourcen innerhalb der modernen Welt gestärkt und gefördert werden soll. Und dies könnte dann vielleicht langfristig zum Ausgangspunkt dafür werden, dass auch die exogenen Nutzungsformen der Alpen umwelt- und sozialverträglich gestaltet und an die spezifischen Bedingungen im Alpenraum angepasst werden.

Die Zukunftsperspektive von Kapitel III ist auch deshalb unzeitgemäß, weil sie als Alternative zur Sichtweise der Alpen als Ergänzungsraum keineswegs die *volle* Integration der Alpen in die europäische Wirtschaftsentwicklung fordert. Stattdessen bricht sie mit der Alternative »entweder Zentrum oder Ergänzungsraum« und entwickelt mit der Leitidee des multifunktionalen Wirtschaftens und der ausgewogenen Doppelnutzung ganz andere, neue Perspektiven für die Zukunft der Alpen.

Ausblick

Ein peripherer Lebensraum – Vorbild für »Orte guten Lebens« in Europa

Der inhaltliche Leitfaden dieser Streitschrift bestand darin, die aktuelle Situation der Alpen als Reaktion auf die Herausbildung der modernen Wirtschaft und Gesellschaft in Europa und in der Welt zu verstehen und auch die Überlegungen zur Zukunft der Alpen vor diesem Hintergrund zu entwickeln. Das bedeutet zugleich, die Alpen nicht als Ausnahme- oder als Sonderfall, sondern als Normalfall zu betrachten. Und in der Tat hat es sich herausgestellt, dass zentrale Probleme der modernen Entwicklung, die in den Metropolen und im Flachland leicht übersehen, verdrängt oder woandershin exportiert werden können, hier schnell auffällig werden: In den Alpen als einem extremen Naturraum und einem spezifischen Kulturraum entwickeln zentrale Probleme der Moderne – Natur als Material, Wirtschaft als Selbstzweck, menschliches Leben als Inszenierung – schnell eine Tendenz hin zur Selbstzerstörung und lassen sich so nicht mehr verdrängen. Daher kann man die Alpen auch als ein Frühwarnsystem für Europa verstehen.

In diesem »Ausblick« soll jetzt zum Schluss dieser Streitschrift die Blickrichtung umgedreht werden: Wie sieht die moderne Welt aus der Sicht eines peripheren Lebensraumes aus? Und was bedeuten die in den Alpen gemachten Erfahrungen für Europa und die globalisierte Welt?

Umwelt: Die Alpen zeigen sehr anschaulich und eindeutig, dass der Mensch trotz aller modernen Naturwissenschaft und Technik die Natur auf der Erde grundsätzlich nicht im Griff hat und nie total beherrscht. Die Alpen machen zugleich deutlich, dass es keine Alternative ist, Teile der Natur gar nicht zu nutzen, sondern dass die Leitidee darin bestehen muss, die menschlich veränderte und genutzte Natur zugleich mit der Nutzung ökologisch zu stabilisieren und für diese Stabilisierung eine gemeinsame Verantwortung aller Nutzer aufzubauen.

Wirtschaft: Die Alpen als ein limitierter Raum mit zahlreichen Nutzungsgrenzen zeigen sehr anschaulich und eindeutig, dass ein Wirtschaften als Selbstzweck, als permanentes quantitatives Wirtschaftswachstum in einem solchen Raum und auf der begrenzten Erde gar nicht möglich ist. Die Alpen machen weiterhin sehr anschaulich deutlich, dass ein am maximalen Ertrag ausgerichtetes Wirtschaften gar nicht umwelt- und sozialverträglich auszugestalten ist und daher zur Selbstzerstörung dieser

Form des Wirtschaftens führt, dass aber ein multifunktionales Wirtschaften ohne Probleme über Jahrhunderte die notwendigen Mittel zum Leben produzieren kann.

Gesellschaft: Der Tourismus im Alpenraum zeigt sehr anschaulich und eindeutig, dass eine permanente Erlebnissteigerung in der Freizeit nicht wirklich möglich ist und dass dies nur in einem riesigen Erlebnis-Burn-out enden kann. Und die Erfahrungen der Alpen als Ergänzungsraum der Metropolen und als Tourismuszentrum zeigen, dass eine inszenierte Fremdbestimmung einen Lebensraum unwirtlich werden lässt und alle Lebendigkeit zerstört.

Diese fundamentalen Alpenerfahrungen in den Bereichen Umwelt, Wirtschaft, Gesellschaft machen deutlich, dass die Grundlagen unserer modernen Welt sehr fragil sind, und sie lassen befürchten, dass diese Welt irgendwann einmal in nicht allzu ferner Zukunft zusammenbrechen wird. Die große Gefahr besteht dabei darin, dass bis zu diesem Zeitpunkt alle nicht nutzenmaximierten Lebens- und Wirtschaftsformen auf der Erde zerstört werden, sodass dieser Zusammenbruch zum Totalzusammenbruch wird und ein Neuanfang in neuen Formen gar nicht mehr möglich ist oder extrem schwierig wird.

In den Alpen ist dieses Problem ebenfalls aufgetreten, weil es hier sehr offensichtlich ist, dass sich die verbuschten oder überbauten Kulturlandschaftsflächen nicht mehr einfach erneut landwirtschaftlich nutzen lassen. Deshalb wurde hier mit der Leitidee der ausgewogenen Doppelnutzung eine Zukunftsperspektive entwickelt, wie die multifunktionale Nutzung der Alpenressourcen innerhalb der modernen Welt gestärkt und gefördert werden könnte. Lässt sich diese Leitidee auch auf Europa übertragen?

Die europäische Wirtschaft besteht einerseits aus Betrieben, die extrem arbeitsteilig für den globalen Markt produzieren, und andererseits aus Betrieben, die für einen lokalen oder regionalen Markt produzieren und sich oft nicht am maximalen Ertrag, sondern an anderen Zielen orientieren (Fortsetzung der Familientradition, Herstellung bestimmter Qualitätsprodukte, Erhalt des Standortes, Verantwortung für Mitarbeiter usw.). Betriebsberater bescheinigen diesen Betrieben in dieser Form keine Zukunft – sie müssten sich entweder stark spezialisieren und am globalen Markt orientieren oder ganz vom Markt verschwinden.

Während in den 1950er-Jahren noch eine große Mehrheit der Wirtschaftsbetriebe in Europa so wirtschaftete – nur die großen Industriebetriebe und eine Reihe von spezialisierten Zulieferbetrieben waren am maximalen ökonomischen Ertrag ausgerichtet –, sank ihre Zahl in den folgenden Jahrzehnten sehr stark. Aber selbst heute sind solche Betriebe noch keineswegs vom Markt verschwunden. Allerdings werden sie oft übersehen, weil sie nicht ins verbreitete Bild des modernen Wirtschaftens passen.

Dann passiert jedoch im Rahmen der forcierten Globalisierung etwas Unerwartetes: Je stärker Wirtschaft und Lebenswelt global vernetzt werden, desto mehr wird auf einmal »die Region« und »das Regionale« aufgewertet: Die Region mit ihrer je spezifischen Umwelt, Geschichte und Situation gilt nicht mehr als etwas Beschränktes, Borniertes oder Rückständiges, sondern stellt jetzt gegenüber den weltweit homogenen Strukturen der Globalisierung etwas Wertvolles, Wichtiges und Einmaliges dar. Und mit der Aufwertung der Region erleben in jüngster Zeit auch die Regionalprodukte eine große Aufwertung, auch wenn davon zuerst einmal die großen Lebensmittelkonzerne profitieren, weil es leichter ist, Regionalprodukte zu fingieren als sie real zu produzieren.

All die Hunderte von Initiativen, die es heute im Zusammenhang mit der Aufwertung der Region und von Regionalprodukten in Deutschland gibt – dies gilt mit gewissen Abstrichen aber auch für ganz Europa –, eint trotz aller Verschiedenheit folgende Leitidee: Zwar muss mit solchen Produkten auch Geld verdient werden, aber der Erhalt der vielfältigen Kulturlandschaften, der Umweltschutz, die sozialen Beziehungen zwischen Produzent und Konsument, der Erhalt dezentraler Arbeitsplätze, die Qualität hochwertiger und frischer Produkte, kurz: die Verantwortung für die Region ist ebenfalls ein wichtiges Ziel. Oder anders ausgedrückt: Dieses Wirtschaften soll sich nicht am maximalen Ertrag, sondern an multifunktionalen Zielsetzungen ausrichten.

Auf diese Weise entstehen vor dem Hintergrund der Globalisierung völlig neue wirtschaftliche und gesellschaftliche Entwicklungen, die in die gleiche Richtung zielen wie viele Entwicklungen im Alpenraum. Allerdings sehen sehr viele Betroffene – Produzenten wie Konsumenten – die grundsätzlichen Unterschiede zwischen dieser neuen Wirtschaftsform und der globalisierten Wirtschaftsform nicht wirklich deutlich. Daher besteht die große Gefahr, dass gerade im Erfolgsfall – also wenn man damit viel Geld verdienen kann – Regionalprodukte nur noch als eine Variation von Markenprodukten in die Produktpalette der großen Lebensmittelkonzerne integriert werden, bei denen die Regionalbezüge (sehr große Regionen, bloße Herkunftsangaben) und ein multifunktionales Wirtschaften nur noch fingiert werden. Deshalb wäre es von zentraler Bedeutung, dass die grundsätzlichen Unterschiede zwischen der Regionalwirtschaft und der globalen Wirtschaft nicht nivelliert werden und dass die Regionalwirtschaft mit ihren multifunktionalen Zielen und ihrer Verantwortung für die Region gezielt gestärkt würde.

Auf diese Weise hätten wir dann zwei verschiedene Wirtschaftsformen, die nebeneinander stehen und sich wechselseitig ergänzen würden. Die Regionalwirtschaft würde dabei der extrem fragilen globalen Wirtschaft ein sehr attraktives, lebendiges und multifunktionales Umfeld stellen und sie dadurch ein Stück weit stabilisieren. Mittel- bis langfristig könnte die Regionalwirtschaft dann durch ihre umweltverträgliche Nutzung wichtige Ressourcen dauerhaft erhalten und pflegen, sodass ein plötzlicher Zusammenbruch der Weltwirtschaft nicht mehr so verheerende Konsequenzen hätte, wie wenn gar keine alternativen Nutzungsformen mehr vorhanden wären.

Auf diese Weise könnte die Leitidee der ausgewogenen Doppelnutzung nicht nur für die Alpen, sondern auch für Europa eine wichtige Zukunftsperspektive darstellen: Die ausgewogene Balance und Gleichwertigkeit von Regionalwirtschaft und globaler Wirtschaft könnte dazu beitragen, dass wichtige Ressourcen langfristig erhalten und gepflegt werden, dass die Umweltprobleme nicht explodieren, dass ein dezentrales Leben und Wirtschaften eine Zukunft erhält und dass die großen Städte nicht ausschließlich vom globalen Wirtschaften überprägt werden. Und vielleicht entwickelt sich dann daraus sogar ein neues Wirtschafts- und Lebensmodell, bei dem anstelle der Dominanz der Wirtschaft ein lebendiges und lebenswertes Leben in Verantwortung für sich selbst, für die Mitmenschen und für den eigenen Lebensraum im Zentrum steht und das sich dann in zahllosen »Orten guten Lebens« in den Alpen und in ganz Europa niederschlägt.

Nachwort

Streit über die Streitschrift

Die erste Auflage dieser Streitschrift hat gleich nach ihrem Erscheinen zahlreiche Diskussionen und viel Streit ausgelöst. Damit hat sie ihr Ziel, Alternativen denk- und umsetzbar zu machen, die quer zum Zeitgeist stehen, voll erreicht. Auf einige zentrale Diskussionspunkte sowie auf die beiden grundsätzlichen Kontroversen, die sie ausgelöst hat, möchte ich jetzt kurz eingehen, um die inhaltliche Auseinandersetzung und den Streit darüber weiter anzuregen.

Kontroverse um Naturschutz und Wildnis
Der Physiker und Naturschützer Rudolf Erlacher (Vizepräsident des Deutschen Alpenvereins und geschäftsführender Vorsitzender des Vereins zum Schutz der Bergwelt) hat meine Position in seinem Text »Kastanie oder Revolution? Ein kritisches Lesezeichen für Werner Bät-

zings Alpenbücher« fundamental kritisiert, und ich habe genauso grundsätzlich darauf geantwortet: »Ästhetik als Basis des Naturschutzes? Grundsatzfragen des Naturschutzes im Zeitalter der Postmoderne«. Beide Texte wurden publiziert im *Jahrbuch des Vereins zum Schutz der Bergwelt*, Bd. 80, München 2015, S. 175–196.

Es geht bei dieser Kontroverse um die Frage, ob Naturschutz und wirtschaftliches Handeln immer und überall totale Gegensätze darstellen, ob der Naturschutz in der Bewunderung der schönen Natur oder in der angepasst-dauerhaften Nutzung der Umwelt gründet, und ob Wildnis ein großes Ideal oder nur sehr bedingt etwas Positives sei. Dabei ist die Auseinandersetzung mit diesen Fragen sehr eng mit grundsätzlichen Fragen (Was ist Natur? Was ist der Mensch? Was ist Aufklärung?) verknüpft, wie diese Kontroverse anschaulich zeigt.

Diese wichtige und notwendige Kontroverse über Grundlagen und Ziele des heutigen Naturschutzes sollte breit diskutiert und weiter vertieft werden.

Kontroverse um die Bewertung der Situation der Alpen

Der Historiker Jon Mathieu (Professor für Geschichte an der Universität Luzern) publizierte kürzlich sein Buch *Die Alpen. Raum – Kultur – Geschichte* (Stuttgart 2015). Im Gegensatz zu meiner Sichtweise – »Die Zukunft der Alpen wird furchtbar« (These 8 in der Streitschrift) – schreibt er ganz am Ende seines Buches (S. 215), »… dass die Alpen im Vergleich zum flachen Land auch in Zukunft ein abwechslungsreicher, lebenswerter und faszinierender Raum sein werden«.

Aus dieser indirekten Kontroverse wurde dann auf der Bergeller Tagung »Berggebiete wohin? Die Zukunft der Alpentäler und der Stellenwert der Kultur«, die vom 16. bis 19. Juni 2016 im Ferien- und Bildungszentrum Salecina (Maloja, Graubünden) stattfand und die von CIPRA, Mountain Wilderness und der Stiftung Salecina organisiert wurde, eine direkte und persönliche Diskussion (mein Beitrag steht auf meiner Internetseite unter »Publikationen, zeitlich geordnet«, Nr. 303).

Der zentrale Streitpunkt war: Stellt die Aussage von Jon Mathieu, dass sich die Alpen immer verändert haben und auch weiter verändern werden und dass die Postmoderne neben neuen Problemen auch neue Möglichkeiten beinhalte, eine realitätsnahe Bewertung der Situation der Alpen dar, oder werden dadurch die heutigen zerstörerischen Rahmenbedingungen (u.a. grenzenloses Wachstum) als selbstverständlich akzeptiert und die Probleme der Alpen nicht wirklich ernst genommen?

Diese Kontroverse, die bislang in den Geisteswissenschaften auf eher theoretische Weise ausgetragen wurde, hat damit erstmals die Alpenforschung erreicht und sollte unbedingt fortgesetzt werden.

Alpine Lebens- und Wirtschaftsweise: Sehnsuchts-Ideologie oder Realität?

In eine andere Richtung zielt die Frage von Dominik Siegrist (Professor für naturnahen Tourismus und Pärke an der Hochschule Rapperswil und ehemaliger CIPRA-Präsident): »Es sei hier allerdings die kritische Frage erlaubt, ob die von Bätzing immer wieder angeführte

›alpine Lebens- und Wirtschaftsweise‹ in dieser Form überhaupt existiert oder ob sich dahinter nicht auch eine Sehnsuchts-Ideologie verbirgt, die nicht der modernen Realität entspricht.« (*Die Erde*, Bd. 146/2015, S. 307–308) Da diese Frage in ähnlicher Form auch nach Vorträgen geäußert wurde, möchte ich hier darauf eingehen.

Alpenspezifische Lebens- und Wirtschaftsformen sind durch einen starken Bezug auf die naturräumlichen Situationen und Dynamiken im Alpenraum sowie auf die (Nutzungs-)Geschichte und die damit verbundenen Erfahrungen geprägt. Dadurch unterscheiden sie sich von außeralpinen Lebens- und Wirtschaftsformen (Merkmale: raum-zeitliche Staffelung der Nutzung nach Höhenstockwerken, starke Stellung der Viehwirtschaft, großer Anteil an gemeinschaftlich genutzten Flächen, besonders hohe Bedeutung der ökologischen Reproduktion der Kulturlandschaft und ihrer soziokulturellen Grundlagen). Aber auch innerhalb der Alpen gibt es dabei erhebliche Unterschiede, weil Natur und Geschichte von Alpenregion zu Alpenregion unterschiedlich ausgeprägt sind. Wichtig ist mir bei der Darstellung der traditionellen alpenspezifischen Lebens- und Wirtschaftsformen, dass bei ihnen die Verantwortung für die ökologische Stabilisierung der menschlich genutzten und veränderten Alpennatur und die soziale Gleichheit der Nutzer eine zentrale Rolle spielen.

Damit sind die Alpen aber kein Sonderfall: In allen bäuerlichen Gesellschaften Europas gibt es vor der industriellen Revolution ähnliche Formen, und nur im Bereich Salz-, Erz-, Silber-, Goldgewinnung und in den absolutistischen Herrschaften setzt sich früh ein kurzfristiges Handeln mit starken Machtkonzentrationen durch. Deshalb beschreiben die alpenspezifischen Lebens- und Wirtschaftsformen die traditionelle Realität der Alpen im Kontext Europas auf eine angemessene Weise.

Die von Dominik Siegrist angesprochene »Sehnsuchts-Ideologie« zielt dagegen auf etwas anderes, nämlich auf das Zerrbild der städtischen Alpentouristen, die im 19. Jahrhundert in den Alpen eine »Harmonie« von Natur und Mensch und eine Unterordnung des Menschen unter die Natur zu finden meinen. Hier ist es sehr wichtig, die traditionellen alpenspezifischen Lebens- und Wirtschaftsformen nicht mit einer »Harmonie« von Natur und Mensch zu verwechseln, weil die Menschen die Alpen für ihre Bedürfnisse tief greifend ökologisch veränderten, und weil in den alpenspezifischen Formen zahlreiche Widersprüche und Spannungen zu finden sind, die tagtäglich bewältigt werden müssen, was beides jedem Harmoniegedanken widerspricht.

Mit dem Einbruch der Moderne in den Alpenraum werden auch die traditionellen Lebens- und Wirtschaftsformen der Alpen allmählich modernisiert. Trotzdem sind heute alpenspezifische Formen keineswegs vollständig verschwunden, sondern sie haben sich – teilweise in Reliktformen – bis heute erhalten oder sind sogar in einer Reihe von Fällen neu entstanden. Heute sehen sie natürlich anders aus als früher. Es sind dies zum Beispiel umwelt- und sozialverträgliche Wirtschaftsformen, die aus alpinen Ressourcen alpenspezifische Qualitätsprodukte machen, oder multifunktionale Infrastrukturen, die ein modernes Leben auch in kleinen und abgelegenen Orten ermöglichen, oder neue Formen gemeinschaftlichen Engagements, das sowohl »Fremde« (von Zugezogenen bis zu Flüchtlingen) als auch künftige Generationen miteinbezieht.

Auch wenn es heute viele wichtige Ansätze für neue alpenspezifische Lebens- und Wirtschaftsformen gibt, so stellen sie lediglich eine Minderheit dar – die Mehrheit der Lebens- und Wirtschaftsformen in den Alpen ist von ubiquitären, austauschbaren oder globalisierten Formen geprägt, die ihren inhaltlichen Bezug zu den Alpen meist verloren haben und bei denen die Alpen oft nur noch eine Rolle als attraktiver Freizeitraum spielen.

Wenn man angesichts dieser Situation mit Dominik Siegrist fragt, »ob sich dahinter nicht auch eine Sehnsuchts-Ideologie verbirgt, die nicht der modernen Realität entspricht«, dann stellt sich darüber hinaus die Frage, ob mit der »modernen Realität« die ubiquitären und globalisierten Lebens- und Wirtschaftsformen gemeint sein sollen, die damit zum Maßstab gemacht würden – was ihnen nicht entspricht, zählt nicht? Soll jene Frage beinhalten, dass alle Alternativen zur selbstzerstörerischen Form des heutigen Wirtschaftens nur Sehnsuchts-Ideologien, also irrationale Hoffnungen seien, von denen man sich trennen müsse, und dass man Alternativen nur *innerhalb* dieses Systems (wie etwa »green economy«) denken könne? Diese Fragen sind von großer Wichtigkeit und erfordern eine gründliche Diskussion.

Eine negative und düstere Perspektive?
Als letzten Punkt möchte ich einen Aspekt thematisieren, der selten direkt, aber oft indirekt angesprochen wird: Meine Sichtweise der Alpen sei »negativ« oder »düster«: Paul Messerli (Prof. em. für Geografie der Universität Bern) spricht ganz direkt von »Bätzing's pessimistic view of recent developments in the Alps« *(Mountain Research and Development,* Bd. 35/2015, S. 428–429), und Journalisten benutzen seit kurzem gern den Begriff »düstere Prognosen für die Alpen« (etwa Urs Hafner in der *Neuen Zürcher Zeitung* vom 26. August 2015), der zuerst von Jon Mathieu geprägt wurde: »Die ökologische Betrachtungsweise der letzten Jahrzehnte [...] tendiert dazu, das Alpenbild zu verdüstern.« (S. 214)

Auch hier muss man genauer hinsehen: So stark ich auch den negativen Charakter der aktuellen Alpenentwicklung herausstelle, sosehr sehe ich ihre Zukunft keineswegs generell negativ: Mir ist es ja ein großes Anliegen, die positiven Entwicklungen in den Alpen sichtbar zu machen und zu stärken, damit sie sich besser durchsetzen können, und ich habe durchaus die Hoffnung, dass dies gelingen könnte. Deshalb finde ich die Charakterisierung der Streitschrift von Köbi Gantenbein sehr zutreffend: Man »findet hier das Wichtigste für einen zuversichtlichen Blick auf die Alpen« *(Hochparterre* 11/2015, S. 29). Dem ist nichts mehr hinzuzufügen.

Anhang

Websites

Ständiges Sekretariat der Alpenkonvention: www.alpconv.org

Makroregionale Alpenraumstrategie der EU:
www.alpine-region.eu

EU-Interreg-Programme für den Alpenraum:
www.interreg.de/INTERREG2014/DE/Interreg/SechsProgrammraeume/Alpenraum/alpen-node.html

Gemeindenetzwerk »Allianz in den Alpen«:
www.alpenallianz.org

Verein Alpenstadt des Jahres: www.alpenstaedte.org

EUROMONTANA (Vereinigung der europäischen Berggebiete):
www.euromontana.org

Netzwerk der alpinen Schutzgebiete: www.alparc.org

Internationale Alpenschutzkommission CIPRA:
www.cipra.org

Internationale Umweltorganisation »Mountain Wilderness«:
www.mountainwilderness.org

Club Arc Alpin (Dachverband der acht Alpenvereine des Alpenraumes): www.club-arc-alpin.eu

Deutscher Alpenverein: www.alpenverein.de

Österreichischer Alpenverein: www.alpenverein.at

Schweizer Alpen-Club: www.sac-cas.ch

Alpines Museum München:
www.alpenverein.de/Kultur/Museum

Alpines Museum Kempten: www.museen-kempten.de/index.php?plink=alpinmuseum

Alpines Museum Innsbruck: www.alpenverein.at/portal/museum-kultur/

Alpines Museum Bern: www.alpinesmuseum.ch

Alpines Museum Turin (Museo Nazionale della Montagna): www.museomontagna.org

Museum der Dauphiné (unter »Archéologie«, »Histoire et Ethnographie« und »Sports de Montagne« sind die Alpen relevant vertreten): www.musee-dauphonois.fr

Internationales Wissenschaftliches Komitee Alpenforschung (ISCAR): www.iscar-alpineresearch.org

Alpenforschung der Schweizerischen Akademie der Geistes- und Sozialwissenschaften: www.sagw.ch/de/sagw/schwerpunkte/nachhaltige-entwicklung/alpenforschung.html

Institut für Interdisziplinäre Gebirgsforschung der Österreichischen Akademie der Wissenschaften in Innsbruck: www.mountainresearch.at

Website von Werner Bätzing
www.geographie.nat.uni-erlangen.de/personen/wbaetzing/ (mit zahlreichen downloads seiner Texte in der Abteilung Publikationen, chronologisch).

Literatur

Die folgenden Literaturhinweise sollen es interessierten Leserinnen und Lesern ermöglichen, das Thema dieses Buches weiter zu vertiefen. Da sich diese Streitschrift an ein breites Publikum wendet, wurden keine fachwissenschaftlichen Aufsätze, sondern Bücher ausgewählt, die oft einen einführenden Charakter haben.

Alle Aussagen in dieser Streitschrift über die Alpen und ihre Entwicklung können in meinem *Alpen*-Buch in ausführlicherer Form nachgelesen werden (Bätzing 2015).

Alle Aussagen in dieser Streitschrift über die moderne Welt und ihre Wirtschafts-, Gesellschafts-, Umwelt- und Raumentwicklung können im Buch *Entgrenzte Welten* in ausführlicherer Form nachgelesen werden (Hanzig-Bätzing / Bätzing 2005).

Wer an Bildern der Alpenentwicklung interessiert ist, dem sei mein *Bildatlas Alpen* empfohlen, der die wichtigsten Aspekte der dargestellten Alpenentwicklung in Form ausgewählter Fotos präsentiert (Bätzing 2005).

Wer durch die Darstellung dieser Streitschrift das Interesse entwickelt, die Veränderung der Alpen selbst zu sehen und zu erleben, der sei auf meine acht Wanderbücher hingewiesen, die neben den Wegbeschreibungen immer auch ausführliche Hinweise zur durchwanderten Alpenregion und zu ihren Veränderungen enthalten und die alle ebenfalls im Rotpunktverlag erschienen sind (www.rotpunktverlag.ch).

Augé, Marc (1992): *Nicht-Orte.* München 2010, 137 S.

Bätzing, Werner (2015): *Die Alpen. Geschichte und Zukunft einer europäischen Kulturlandschaft.* München, vollständig überarbeitete Neuausgabe, 484 S.

Bätzing, Werner (2005): *Bildatlas Alpen. Eine Kulturlandschaft im Portrait.* Darmstadt, 192 S.

Beck, Ulrich (1986): *Risikogesellschaft. Auf dem Weg in eine andere Moderne.* Frankfurt am Main, 392 S.

Binswanger, Hans-Christoph (2006): *Die Wachstumsspirale. Geld, Energie und Imagination in der Dynamik des Marktprozesses.* Marburg 2013, 434 S.

Binswanger, Mathias (2012): *Sinnlose Wettbewerbe. Warum wir immer mehr Unsinn produzieren.* Freiburg i. Br., 240 S.

Broggi, Mario / Staub, Rudolf / Ruffini, Flavio (1999): *Großflächige Schutzgebiete im Alpenraum. Daten, Fakten, Hintergründe.* Berlin/Wien, 241 S.

Chappaz, Maurice (1976): *Die Zuhälter des ewigen Schnees. Ein Pamphlet.* Zürich, 60 S.

Chilla, Tobias, Hrsg. (2014): *Leben in den Alpen. Verstädterung, Entsiedlung und neue Aufwertungen. Festschrift für Werner Bätzing zum 65. Geburtstag.* Bern, 304 S.

CIPRA, Hrsg. (2007): *Wir Alpen! Menschen gestalten Zukunft. 3. Alpenreport.* Bern/Stuttgart/Wien, 301 S.

CIPRA, Hrsg. (1995): *Tun und Unterlassen. Elemente für eine nachhaltige Entwicklung in den Alpen.* Schaan, 203 S.

CIPRA, Hrsg. (1988): *Bodenschutz und Berglandwirtschaft. Kongressakten der CIPRA-Jahresfachtagung 1987 in Brixen.* Bozen, 244 S.

Diener, Roger u. a. (2006): *Die Schweiz. Ein städtebauliches Portrait.* Basel/Boston/Berlin, 3 Bände, 1708 S.

Ermann, Ulrich (2005): *Regionalprodukte.* Wiesbaden, 320 S.

Großklaus, Götz / Oldemeyer, Erich, Hrsg. (1983): *Natur als Gegenwelt. Beiträge zur Kulturgeschichte der Natur.* Karlsruhe, 287 S.

Grüter, Thomas (2013): *Offline! Das unvermeidliche Ende des Internets und der Untergang der Informationsgesellschaft.* Heidelberg, 266 S.

Haid, Hans (2005): *Neues Leben in den Alpen. Initiativen, Modelle und Projekte der Bio-Landwirtschaft.* Wien, 249 S.

Haid, Hans (1989): *Vom neuen Leben. Alternative Lebens- und Wirtschaftsformen in den Alpen.* Innsbruck, 287 S.

Haid, Hans (1986): *Vom alten Leben. Vergehende Existenz- und Arbeitsformen im Alpenbereich.* Wien, 344 S.

Hanzig-Bätzing, Evelyn / Bätzing, Werner (2005): *Entgrenzte Welten. Die Verdrängung des Menschen durch Globalisierung von Fortschritt und Freiheit.* Zürich, 488 S.

Heidegger, Martin (1962): *Die neuzeitliche mathematische Naturwissenschaft.* In: *Die Frage nach dem Ding. Zu Kants Lehre von den Transzendentalen Grundsätzen.* Tübingen, S. 50–83.

Hubatschek, Erika (1960): *Bauernwerk in den Bergen. Arbeit und Leben der Bergbauern in Bilddokumenten aus einem halben Jahrhundert.* Innsbruck 2003, 240 S.

Keller, Lars / Förster, Klaus (2007): *1 x 1 der Alpen. 101 Regionen von Monaco bis Wien.* Innsbruck, 495 S.

Kupper, Patrick (2012): *Wildnis schaffen. Eine transnationale Geschichte des Schweizerischen Nationalparks.* Bern, 376 S.

Marx, Karl (1890): *Das Kapital. Kritik der politischen Ökonomie. Erster Band.* Berlin 1972, 956 S.

Mitscherlich, Alexander (1965): *Die Unwirtlichkeit unserer Städte. Anstiftung zum Unfrieden.* Frankfurt am Main 1996, 161 S.

Niederer, Arnold (1993): *Alpine Alltagskultur zwischen Beharrung und Wandel. Ausgewählte Arbeiten aus den Jahren 1956 bis 1991.* Bern/Stuttgart/Wien, 518 S.

Perlik, Manfred (2001): *Alpenstädte zwischen Metropolisation und neuer Eigenständigkeit.* Bern, 246 S.

PÖ (1998): *Gratwanderung zwischen Autarkie und Globalisierung. Die Alpen als Vorreiter für ein regionales Wirtschaften.* Heft Nr. 55 der Zeitschrift *Politische Ökologie* (München), 86 S.

Sieverts, Thomas (1997): *Zwischenstadt. Zwischen Ort und Welt, Raum und Zeit, Stadt und Land.* Braunschweig/Wiesbaden 1998, 182 S.

Ständiges Sekretariat der Alpenkonvention, Hrsg. (2013): *Nachhaltiger Tourismus in den Alpen. 4. Alpenzustandsbericht.* Innsbruck, 145 S.

Stephen, Leslie (1871): *The Playground of Europe.* London, 321 S.

Stöcklin, Jürg u. a. (2007): *Landnutzung und biologische Vielfalt in den Alpen.* Zürich, 191 S.

Stremlow, Matthias (1998): *Die Alpen aus der Untersicht. Von der »Verheissung der nahen Fremde« zur Sportarena. Kontinuität und Wandel von Alpenbildern seit 1700.* Bern/Stuttgart/Wien, 318 S.

Tappeiner, Ulrike / Borsdorf, Axel / Tasser, Erich, Hrsg. (2008): *Alpenatlas. Society – Economy – Environment.* Heidelberg, 278 S.

Virilio, Paul (1990): *Rasender Stillstand.* Frankfurt am Main 1998, 158 S.

Weber, Friedericke (2013): *Naturparke als Manager einer nachhaltigen Regionalentwicklung. Probleme, Potenziale und Lösungsansätze.* Wiesbaden, 337 S.

Weiss, Hans (1987): *Die unteilbare Landschaft. Für ein erweitertes Umweltverständnis.* Zürich/Wiesbaden, 191 S.

Über den Autor

Werner Bätzing, geboren 1949, war von 1988 bis 1995 Assistent und Dozent am Geographischen Institut der Universität Bern und von 1995 bis 2014 Professor für Kulturgeografie an der Universität Erlangen-Nürnberg.

Seit 1977 beschäftigt er sich wandernd und analysierend mit den Alpen in interdisziplinärer und internationaler Perspektive, und er gilt heute »als der bedeutendste Alpenforscher in Europa« (aus der Laudatio zur Verleihung des »Deutschen Alpenpreises« an Werner Bätzing durch CIPRA-Deutschland im Februar 2015).

Seine wissenschaftliche Beschäftigung mit den Alpen war und ist stets von der Motivation getragen, die aktuellen Probleme im Alpenraum nicht nur zu analysieren und angemessen zu verstehen, sondern sich zugleich auch für konkrete Lösungen zu engagieren, vor allem in den Bereichen Alpenpolitik (Alpenkonvention, makroregionale EU-Alpenraumstrategie) und Regionalentwicklung.

Sein zentrales Werk ist das Buch *Die Alpen. Geschichte und Zukunft einer europäischen Kulturlandschaft*, vollständig überarbeitete Neuausgabe, München 2015, 484 Seiten.

Im Rotpunktverlag sind von ihm erschienen die Aufsatzsammlung *Orte guten Lebens* (2009), zusammen mit Evelyn Hanzig-Bätzing die Gegenwartsanalyse *Entgrenzte Welten* (2005) sowie acht Wanderbücher, die einen umwelt- und sozialverträglichen Wandertourismus in wirtschaftsschwachen Alpenregionen fördern wollen. Zu den Wanderbüchern siehe: www.wanderweb.ch.

Werner Bätzing im Rotpunktverlag

Evelyn Hanzig-Bätzing
Werner Bätzing
Entgrenzte Welten
Die Verdrängung des Menschen durch Globalisierung von Fortschritt und Freiheit

496 Seiten, Klappenbroschur, 2005
ISBN 978-3-85869-295-5
Fr. 24.20/Euro 22,–

Das heutige Selbst- und Weltverhältnis führt zu einem quantitativen Wachstum der Wirtschaft, der Informationen, der Wertorientierungen, der persönlichen Bedürfnisse, bei denen die Zielsetzung zum Selbstzweck degeneriert und dadurch inhaltsleer und substanzlos wird. Damit entsteht eine künstliche und sterile Realität, eine fragile Welt, die ihrer Substanz entleert alle Lebendigkeit und damit sich selbst zerstört.

Werner Bätzing,

Orte guten Lebens

Die Alpen jenseits von Übernutzung und Idyll

Herausgegeben von Evelyn Hanzig-Bätzing
Geleitwort von Reinhold Messner

16 Seiten Bildteil, 360 Seiten
Klappenbroschur, 2009
ISBN 978-3-85869-392-1
Fr. 26.50/Euro 24,–

»Ein Buch für all jene, die sich für die Alpen nicht nur als Sportarena interessieren und denen Berge mehr sind als Gipfel und Routen.«
Alpin – Das Bergmagazin

»Es war Werner Bätzing, der mein Interesse, das lange Zeit auf die Gipfel fokussiert war, auf die Menschen in den Alpen gelenkt hat, auf die Älpler also, die diesem Gebirge erst Leben und Geschichte geben.«
Reinhold Messner, aus dem Geleitwort

Werner Bätzing: **Grande Traversata delle Alpi**
Mit Farbfotos, Routenskizzen und Serviceteil

Teil 1: Der Norden: 224 S., Klappenbroschur, 7., akt. Aufl. 2016
ISBN 978-3-85869-437-9, Fr. 26.50/Euro 24,–

Teil 2: Der Süden: 304 S., Klappenbroschur, 7., akt. Aufl. 2016
ISBN 978-3-85869-435-5, Fr. 28.50/Euro 26,–

Werner Bätzing, Michael Kleider

Die Seealpen

Naturpark-Wanderungen zwischen
Piemont und Côte d'Azur
Mit Farbfotos, Routenskizzen und
Serviceteil. 224 S., Klappenbroschur
2. Aufl. 2010, ISBN 978-3-85869-434-8
Fr. 28.50/Euro 26,–

Werner Bätzing, Michael Kleider

Valle Stura

**Rundwanderung durch ein einsames
Tal der piemontesischen Alpen**

Mit Farbfotos, Routenskizzen und
Serviceteil. 216 S., Klappenbroschur, 2008
ISBN 978-3-85869-370-9
Fr. 26.50/Euro 24,–

Werner Bätzing, Michael Kleider

Die Ligurischen Alpen

**Naturparkwandern zwischen
Hochgebirge und Mittelmeer**

Mit Farbfotos, Routenskizzen und
Serviceteil. 240 S., Klappenbroschur, 2011
ISBN 978-3-85869-432-4
Fr. 28.50/Euro 26,–

Werner Bätzing, Michael Kleider

Gran Paradiso

Wandern auf der piemontesischen Seite des Nationalparks

Mit Farbfotos, Routenskizzen und Serviceteil. 224 S., Klappenbroschur, 2013
ISBN 978-3-85869-539-0
Fr. 26.50/Euro 24,–

Werner Bätzing, Michael Kleider

Die Lanzo-Täler

Belle-Epoque und Bergriesen im Piemont

Mit Farbfotos, Routenskizzen und Serviceteil. 224 S., Klappenbroschur, 2015
ISBN 978-3-85869-649-6
Fr. 28.–/Euro 24,90

Werner Bätzing, Hannes Hoffert-Hösl:

Der Ötscher

Wanderungen in den niederösterreichischen Kalkalpen

Mit Farbfotos, Routenskizzen und Serviceteil. 248 S., Klappenbroschur
2., akt. Aufl. 2015, ISBN 978-3-85869-651-9
Fr. 26.50/Euro 24,–